我是领养的孩子

有关身世创伤的疗愈

Adoption Healing: a Path to Recovery

[美] 乔·索尔 著
闫萌慧 译
林溪 校译

北京理工大学出版社
BEIJING INSTITUTE OF TECHNOLOGY PRESS

版权专有　侵权必究

图书在版编目 (CIP) 数据

我是领养的孩子：有关身世创伤的疗愈 /（美）乔·索尔著；闫萌慧译. —北京：北京理工大学出版社，2021.7
书名原文：Adoption Healing：a Path to Recovery
ISBN 978 – 7 – 5682 – 9654 – 0

Ⅰ.①我… Ⅱ.①乔… ②闫… Ⅲ.①家庭关系—心理影响—心理干预—研究 Ⅳ.①C913.11

中国版本图书馆 CIP 数据核字（2021）第 054120 号

北京市版权局著作权合同登记号图字：01-2020-4310
English language edition copyright © 2000，2005 by Joe Soll，LCSW
All rights reserved.

出版发行 /	北京理工大学出版社有限责任公司
社　　址 /	北京市海淀区中关村南大街 5 号
邮　　编 /	100081
电　　话 /	（010）68914775（总编室）
	（010）82562903（教材售后服务热线）
	（010）68948351（其他图书服务热线）
网　　址 /	http://www.bitpress.com.cn
经　　销 /	全国各地新华书店
印　　刷 /	三河市华骏印务包装有限公司
开　　本 /	880 毫米 × 1230 毫米　1/32
印　　张 /	7
字　　数 /	131 千字
版　　次 /	2021 年 7 月第 1 版　2021 年 7 月第 1 次印刷
定　　价 /	48.00 元

责任编辑 / 闫风华
文案编辑 / 闫风华
责任校对 / 刘亚男
责任印制 / 施胜娟

图书出现印装质量问题，请拨打售后服务热线，本社负责调换

献 辞

献给我爱的生母,
无论她是谁,身在何处;
同时也献给那些曾在领养经历中迷失的人。

自 序

我所接触过的生母和被领养者人数相同,我发现,在被领养者与生母分离时,他们几乎经历着同样的心理体验。这种分离性创伤会始终影响着他们双方的生活。

然而社会却很少关注或者倾听一个放弃了自己孩子的母亲的心声,她们常常会被忽略、遗忘,甚至被唾弃。失去了自己的孩子,这样的经历对任何一位母亲来说,都是影响一生的伤痛,她们需要被理解。

最初我写这本书,是希望找到一些方法来帮助被领养者及放弃了自己孩子的生母(后文统称"生母")。虽然全篇的聚焦点着重于被领养者,但在实际过程中,我发现生母和被领养者心理治疗的关键步骤几乎相同。因此,我希望书中记录的治疗方法同样能帮助更多生母来解决自己的问题。

在你阅读本书的过程中,无论你有着怎样的领养经历,某些章节的内容可能会让你因为情感上的刺激而产生焦虑、痛苦和悲伤的情绪。

请你了解这种情况是非常正常的,不只是你,很多人与你有同样的反应。在美国,仅仅是非亲属关系的领养,就有 3000 万人参与其中——分别有 600 万被领养者、1200 万亲生父母和另外

1200万养父母。

最后,为了方便描述,我在整本书中使用女性代词,但这并不表示我将领养过程中的众多男性参与者排除在外。也为了方便起见,"养父母"这一术语也包括了潜在的养父母,以及那些已经领养过至少1个孩子的父母。

致 谢

我想感谢很多人，没有她们我不可能完成这本书。感谢我的妹妹苏珊，是她最后告诉了我一个让我思绪得以解脱的真相。感谢我的弟弟雷及他的妻子莫琳，还有领养我的家庭中的每位成员，感谢一路走来她们对我的支持。感谢玛丽·苏士洛无限的耐心，让我终于冲破感情的壁垒。感谢戴安娜，她是我40年生活中的指路明灯。

感谢罗伯特·沙津教授，他是我的个人导师。感谢安妮特·巴伦、鲁本·潘洛和乔伊斯·马圭尔·帕维奥一直以来对我的鼓励。感谢南希·韦里埃在写作《原始伤口》时展现出她的智慧和勇气。感谢贝蒂·吉恩·利夫顿，她书中的精髓思想和知识给予了我无尽的帮助。感谢克拉丽莎·平科洛提供的深刻见解。同时，感谢我的客户们，她们让我学到了很多东西。

在领养改革的活动中，要感谢弗洛伦斯·费希尔的初始指导。感谢来自联合亲生父母组织（CUB）的罗尔安德生·珍妮特·芬顿和邦妮·比斯一直为我提供启示和指导。感谢卡罗尔·沙佛和瑞奇·索林格在诸多回忆中给予我的鼓励、知识和治疗；感谢唐·汉弗莱和玛丽·史密斯帮助我争取产权而不懈的努力。感谢鲍勃·安德生和朗达·塔克的支持及她们的著作《很少走的桥》给予我的灵感。感谢盖尔·达文波特始终站在我身边。感谢简·佩顿的勇气，在半世纪前搜索并记录下自己被领养的经历。感谢夏洛特·胡德一直以来对我的支持。感谢桑迪·缪塞对信念的勇气。还有我在西海岸的亲人们，感谢卡伦·咪咪和莎伦成为我生活中特殊的妈妈。感谢创立了国际 Soundex 团聚登记处的艾玛·梅·维拉尔迪，以及帮助她完成梦想的托尼（她的丈夫）。感谢来自 CT 或 PA 的卡罗尔·F.(或 C.)。感谢塞莱斯在幕后为会议提供的帮助，感谢德安·马克姆森（和她姑妈伊迪丝），这些年她们与我在办公室并肩战斗。

我要特别感谢帮助我的"三月家庭"，她们在 6 年间，陪我从纽约辗转到华盛顿特区，在风雨中、在 100 华氏度的高温中徒步穿越公路，努力为那些被领养者创造一个更美好的领养世界。他们是安·C.，她的丈夫马丁和他们的儿子查理；安·H.；安娜与她的儿子阿威哈姆、富兰克林；芭芭拉；贝基；鲍勃；莎莉丝特与她的儿子斯考蒂；戴安；戴瑟儿；唐；格拉莱恩；金格；乔伊斯；茱蒂与戴夫；凯西；克丽丝汀；劳拉和她的孩子们——布莱恩、凯蒂和苏西；利亚；丽莎与她妈妈琳；玛姬；玛里科林；马克；米娅；蜜雪儿；南希·C.；南希·H. 与她的女儿谢娜、莎拉、香农；苏及维讷。

感谢格拉迪斯·雪莱，这位创作过很多无与伦比作品的美国作曲家，为我创作和演唱了 *I Wonder Who My Mother Is* 这首优美的歌曲。

感谢《我的亲生父母在何方》的作者凯伦·拉格拉，她是最初建议我写这本书的人，如果没有她就不会有这本书，我也在书中融入了她的观点。感谢协助编辑了《迷失于领养交接中》的达琳罗，她为领养世界做出了贡献。感谢我的出版商安·格律·休斯多年来对我的鼓励和无尽的支持。

特别感谢朱莉·高德曼在我努力实现自我目标和整个创作过程中对我的支持。

前 言

> 人们总说时间会改变一切,但终究还要靠你自己来改变一切。
>
> ——安迪·沃霍尔

当我在全国各地的书店、图书馆、社会服务机构等地方演讲时,有很多人会怒斥我,说我打破了她们的幻想,毁灭了她们的梦。

我问她们:"我打破了什么幻想,摧毁了什么梦?"

"我领养的孩子本来会很快乐,不会感受到痛苦!我并不想知道你告诉我的这些事实。"

这是一本关于领养中真实的人际关系、被领养者真正的内心世界的书——从领养关系开始那一刻,被领养者如何真正开始真实的人生。我们没有想要指责任何人,只是为了将来能有更多人懂得如何更正确地对待那些离开了亲生家庭的孩子们。

我书中所写的知识和方法很大一部分来自我的导师和同事,更多的源自于这18年的实证研究和被领养的儿童、青少年、成年人及她们的亲生父母、养父母一起接触沟通的工作经历。

对我而言,写这本书的过程并不总是开心的,但我还是要把它写出来。希望这本书传递的知识可以帮助治愈那些正在经历领养和被领养所造成心理伤害的人,更希望可以预防创伤的产生。我希望这本书能够成为一个被领养者与更多被领养的兄弟姐妹们诚心交流的媒介,成为无数被领养孩子与其亲生父母、养父母情感交流的途径,成为心理健康从业人员与更多专业同行交流的平台。

  我希望这本书能够成为一份礼物,最终由属于它的人们来打开和接受。

乔·索尔,康格斯于纽约,2008年5月

序 言

纵观美国的历史，失去家庭需要被领养的儿童总是要比能够领养他们的家庭数量多。在 20 世纪中期，被领养的孩子多数都是"非法的"，而很少有孩子是真正的孤儿。

然而，在 20 世纪 70 年代，由于堕胎的合法化，白人非法孩子的数量有所下降。未婚妈妈对于私生子羞耻感的降低，使得她们不再被社会歧视，也有机会成立新的家庭。随着离婚率逐渐增加，离异带孩子的妈妈与单身妈妈的经济状况及在家庭中的地位也几乎没有差异。

由于这些变化，有人提出非婚生的孩子由已婚夫妻来抚养会更好一些。然而，正如本书所讨论的，现在有证据显示，由于与生母切断了一切的联系，很多被领养者长期被心理问题所困扰和伤害。

随着社会的发展，很多夫妇会推迟到 30 岁以后生小孩。而性病的传播，如衣原体发病率的增加，导致很多中产阶级的白人夫妇不育，只能领养孩子。虽然医学发展帮助了一些人，但渴望领养白人婴儿的夫妻数量仍在激增，而可供领养的白人婴儿数量却在不断下降。

正如全国报纸上刊登的广告所示，潜在的被领养者逐渐减少，杂志、报纸中各种为自己做广告的潜在领养者，把自己宣传成理想的夫妇，来吸引未婚妈妈把孩子交给她们来领养。越来越多的未婚妈妈希望将"开放式领养"作为自己放弃抚养孩子的条件。然而，通常潜在的领养者都尽可能避免这种要求。对于不育的夫妻来说，她们希望领养后的生活能与"原生"家庭一样，因此，她们不希望与家庭以外的人（生母）来分享被领养孩子的爱和忠诚，因为这样的分享会时常提醒她们不育的事实。而那些认为"开放式领养"正确的领养者，其实在接触到这个问题时还是心怀忐忑，因为等孩子开始寻亲活动，她们的关系被重新受到更多的关注，会给一些已经成功领养孩子的养父母带来持续的焦虑——领养的话题可能永远都不会"结束"。

亲生父母、孩子、领养者之间存在着不可调和的冲突，一方面亲生父母和孩子有情感联结，另一方面养父母会对自己与孩子的关系产生恐慌。最近，纽约州立法大会立法的两项法案对这种情况进行了说明。州长夫人主持开放式领养记录的法案，与此同步颁布的另一项法案——授权封存报告，却得到了州长名义上的支持。他们提出将所有记录封存 99 年，并且对泄露信息的人（即使在领养过程的所有参与人都同意的情况下）实施监禁。由于寻亲团体针对领养记录公开化，不断向国家施加政治压力，导致了全国议会统一州法律委员会对领养公开化的一致反对。

在这种社会环境下，我们没有折中的办法。然而本书是希望帮助治疗创伤和促进良性化的领养，作者坚决支持将领养报告向所有当事方公开，支持被领养者与亲生父母团聚，并尽可能让孩子从最初被领养时的情况信息就是公开的。因此，这本书势必会产生争议。

在本书中，我们会有练习、自检及确认。如果你目前正处于心理治疗过程中，请在得到治疗师的允许后再开始阅读这本书。在治疗师允许的情况下，以成人式的自我进行练习，让自己成为一个理智和友爱的人。在一些练习中，你可能会触碰到你内心那个受伤的内在小孩。虽然本书练习都可以独自一个人做，但至少在最开始尝试的时候，请和支持你的朋友或者支持小组一起练习。

这些练习不能取代任何你已经参与的治疗或者治疗小组，我设计的练习并不能替换任何12步小组的治疗，但能辅助或是更好地进行12步疗法。如果你是性虐待或严重的情感虐待的受害者，或如果你被诊断为精神病患者或者有精神疾病家族史，请一定寻求专业人士的帮助。如果在读这本书或体验这些练习时，产生了奇怪或者压抑的情绪，请你马上停下来。在没有接受心理辅导人员的帮助前，不要再拿起这本书（上述注意事项大部分选自约翰·布拉德肖的《归乡》）。

本书简介

"你的生母因为真的很爱你,所以她才给你自由。"

"你的生母不能抚养你 / 我才是你真正的母亲。"

想象一下,在听着这些混淆认知的信息中长大的孩子,是怎样的心理状态?她们的情感异常脆弱。

基于 18 年中对近千名被领养者(儿童、青少年和成年人)的日常研究数据,本书要探讨的是这种困境对发展一个拥有健康、真实心理且有社会自我意识的被领养者的严重影响。本书中提出的观点和理论是有依据的,它们源自诸多资料的考证、与相关专家的研讨,以及与其他领养教育工作者 / 心理健康专业人士的交流。

从婴儿时期开始,被领养的孩子就持续被外界的语言和非语言环境所影响,这常常让她们否定了自己内心的真实感受和经历。每个生日她们本应该开心度过,但这一天却是她们与生母分离的"纪念日"。人们告诉她们,生母是因为爱所以才放弃她们。这样的解释无法让她们了解生母的真实想法,反而会对为什么爱就是离开产生怀疑。在她们看来,是因为生母先抛弃了自己,所以养母才成为她们真正的母亲。最具破坏性的事实是大部分人都误以为她们是感受不到这种遗弃感的,因此,不会对此感到愤怒。

被领养者会在这些矛盾的信息中陷入情感困惑,导致她们无法区分周围世界带给她们的真实感和虚构感。她们的感受是不完整的。真实的生活让她们必须与现实社会接触，但这些矛盾则会导致她们内心世界变得越来越压抑，以至于外人最终无法触及。然而，生存是要付出巨大代价的，无法触及自己内心真实的感受，就无法体验真实的生活。

本书是一本能够为被领养者、养父母和亲生父母提供治愈分裂认知方法的工具。它揭示了如何理解和解决领养者的实际生活碎片化及存在的问题，从而治愈被领养者在成长过程中产生的心理伤害。

在美国，每年有超过5万名儿童被非亲属关系的家庭领养。自20世纪70年代以来，越来越多被领养的孩子进入到不同文化或种族的家庭中。在本书中，内容也涉及这些不同环境中存在文化差异所产生的相关领养问题的解决。

领养并不只限于被领养者、养父母、亲生父母这三方面，还涵盖了整个家庭。为此，本书也为家庭中的其他成员，如兄弟姐妹、配偶、爷爷奶奶与被领养者之间存在的问题，提供了解决方法。

这本书也适用于专业心理治疗师，还适合普通人群。虽然看上去似乎不可能完全覆盖这两种读者的需求，但领养心理学作为新兴领域是一个例外，它在专业和非专业人士之间有部分的重叠。它与其他心理学领域的不同之处在于：在其他领域中，专业性占主导地位，而在本书中提出的理论，主要依靠是被领养者对生母的理解及对自己经历的定义。领养心理学的独特性，是它源自寻亲运动，普通人对其发展做出了更多的贡献。因此，本书是针对所有出现在被领养者生活中的"治疗师",她们包括专业辅导人员、养父母、亲生父母、配偶和家庭人员及领养者自己。

本书的课题源自世界最容易产生的误解。本书没有指责的意思,而是希望我们能从错误中得到经验,帮助更多人减少未来生活的痛苦,尤其是那些与孩子、母亲、父亲和兄弟姐妹分离的人。

欢迎辞

祝贺你！读到这里是一个不小的成就。对大多数人来说，领养是一个恐怖的话题（这种恐惧可能是无意识的）。你克服了那么多的恐惧和焦虑，只是为了打开这本书，现在真正的工作开始了。我会建议你去参加一个领养社团小组（例如：我在纽约的领养疗愈工作室，或者在中国的"我是领养我的家"微信群等），我希望大家都能参与这类定期的讨论。一般这些小组的开场白会是这样的：

欢迎来到领养支持小组会议，特别是那些第一次参加的人。我想解释一下我们组织这个小组的原因、我们的工作方式及如何最有效地利用它。我们中的大多数人都是作为被领养者长大成人的（对于亲生父母而言，是从放弃抚养孩子那刻开始），并且不被允许表达我们对经历的真实感受。我们可能会被告知不应该生气、不应该感到难过或"这些情绪是空穴来风的"，我们不应该有这种情绪。不幸的是这些告诫一点儿用也没有。情绪没有对错，它们只是我们的真实感受！我们需要能够说出自己的感觉来验证我们的经历。当情感涌现的时候，就是真实存在的，你能想象有人告诉你"不允许说或者不应该说外面很冷或者你很饿"吗？

我们最困难却最重要的任务是学习可以形容自己经历和感受的语言。我们需要学习如何说"我感觉……（例如：高兴、悲伤、生气、羞愧、内疚、害怕等），因为……（填充领养经历的空白体验）"，我们要大声说出这些感受，让这些感受真实地展现在我们面前。接下来我们要分析为什么会有这样的感受。当我们明白其中的缘由，就可以有的放矢地做点什么去改善这些感受，这样一来，我们就不再惧怕自己的感觉。我们会了解到情绪不会杀了我们，虽然我们常常会因为这些情绪产生的感觉而窒息。当做到这一点，我们终于不再畏惧自己的感觉和情绪，世界一下子就变了。想象一下，不再惧怕自己的感觉和情绪的样子多么美好！

来，我们和这本书一起，开启疗伤模式，走向脱胎换骨的旅程吧！

我们思考事情的方式与我们如何经历它们有密切关系，比如某天夜里你腹痛难忍，你以为这是死亡的前兆，或是某种不可治愈的癌症，无比的害怕和痛苦，甚至开始放弃人生。但当你去看了医生，医生说这只是肠胃感染，吃一些抗酸药就好了。这时，疼痛并没有改变，但痛苦的感受却大不一样了。本书很大一部分就是关于以不同的方式看待事情（简称"重构"）来改变事情对我们的影响，并最终认识到我们可以通过控制事情影响我们的方式来改善我们的感受。我们的感受取决于我们自己，而不是他人。作为成人，没有人需要对我们的感情负责，而我们也不需要对别人的感情负责。当有人对我们恶言相向，我们自己要负责对它们做出什么样的反应。这是一个重要的概念，并且是疗愈的关键。我们看待和认识事情的方式可以改变我们对待它们的感受！

现在继续我们的旅程。你应该知道，时不时地放下这本书也没关系，也许是为了消化你读到的东西，也许是为了从高度情绪化的内容中解脱一会儿。你也应该知道，你真的很棒，因为只有真正勇敢和坚强的人才会读这本书，所以请接受赞美！只有勇敢和坚强的人才能面对这些恶魔！

在读这本书的同时写日记会是个好方法。在你不断地走向疗愈和改变自我的旅程中，可以把你的想法和感受写下来。

第 1 章

迷失的自我

第 1 节　起源 / 3

第 2 节　原始创伤——带着伤口的创可贴 / 8

第 3 节　第二次创伤 / 16

第 4 节　伊底帕斯情结——好妈妈？坏妈妈？ / 21

第 5 节　第三次创伤：生日快乐？ / 25

第 6 节　灾难重现：谁在镜子里 / 33

第 7 节　不完全的交集：你敢做我的另一半吗？ / 41

第 8 节　过渡地带：这是我那些不记得的过去 / 51

第 2 章

你是我的孩子

第 9 节　她和亲生的孩子不一样 / 63

第 10 节　分离的时候，她受了伤 / 69

第 11 节　不要"就像"，要真相 / 73

第 12 节　为影子穿上衣服 / 80

第 13 节　6 到 8 岁，我可以不受伤 / 85

第 14 节　彷徨的青春期 / 91
第 15 节　心理治疗师的陷阱 / 98

第 3 章
走向更健康的领养

第 16 节　检查列表 / 115

第 4 章
获取帮助

第 17 节　选择正确的治疗师 / 121
第 18 节　从治疗师的角度来看 / 124
第 19 节　找到一个社团小组 / 128

第 5 章
我们会遇到的挑战

第 20 节　治愈内在小孩：创新方法 / 141
第 21 节　愤怒 / 148
第 22 节　冥想法 / 152
第 23 节　肯定法 / 157
第 24 节　被领养者的悼念 / 161
第 25 节　一个女人的旅程 / 163

第 26 节　我们从未得到的尊重 / 167

附录

附录 A　被领养者不希望听到什么 / 177

附录 B　生母不想听到什么 / 179

附录 C　养父母不想听到什么 / 182

附录 D　领养交接的损失 / 183

附录 E　和你的内在小孩一起做的事 / 186

附录 F　一些新闻 / 189

结语

第 1 章

迷失的自我

放弃抚养对被领养者心理发展的破坏性影响

这本书主要是考虑到被领养者在处理心理发展中每个阶段所面临的特殊问题。第1章的目的是帮助被领养者、养父母、亲生父母和心理健康专业人员认识到领养的终身影响,并理解与领养有关的困难会干预被领养者个性发展的方式。

虽然本章旨在为心理健康专业人士提供深入的理论框架,但第1章的内容对被领养者和她们的家庭成员也会很有帮助。第1章通过阐明和解释在心理上塑造和破坏被领养者个性的力量,不仅有助于证实她们的经历,而且能为她们在真实生活中遇到困难提供帮助。

第1节 起源

被领养者面对的困扰来自两方面：一方面是从未谋面而孕育了自己的生母；另一方面是自己的养父母。亲生父母和养父母在决定抛弃和领养的过程中也都各自经历过情感创伤，值得关注的是如果这些创伤没有得到重视和解决，必将影响被领养者未来的生活。

在领养后，通常生母不会再接触到孩子，真正陪伴在孩子身边的是养父母。所以我们很容易理解养父母的心理状态对领养者成长的重要性，而忽略了生母心理问题对孩子的影响。我们为什么需要去关注生母呢？首先，人类都有权利了解自己的生母。其次，在美国，很多不诚信领养被驳回，都是由于不了解生母的真实状况（也包括生母当年对潜在领养父母情况的误解）所致。而且，笔者坚信被领养者和生母之间的团聚，是治愈被领养者情感创伤的关键一步，而生母未解决的心理问题势必会影响她与被领养者沟通的积极性。最后，即使她们从未有过交集，亲生父母的影子也会出现在领养家庭中，而被领养的孩子与养父母的影子也会始终出现在亲生家庭中。这些影子会一直影响着两个家庭的正常生活。

> **误解：**
> 领养了，皆大欢喜。
> 亲生父母就是一个生孩子的机器。
> 亲生父母不会关心她们所抛弃的、被他人领养的孩子。
> 亲生父母会很快忘记她们生下的孩子，然后继续自己的生活。

> **事实：**
> 每一个涉及领养的人，都有苦衷。
> 亲生父母是和其他人一样的普通人类。
> 大多数放弃自己亲生孩子抚养权的父母，都是在当时的情形下实在没有办法而选择了下下策。
> 亲生父母会永远将其放在心上，并艰难地度过接下来的生活。

故事的开始，一个女人和一个男人在一起了，有一天，女人怀孕了。此时，全世界都告诉他们：如果你们真的爱这个孩子，就应该放弃她，交给别人领养，这样她可以有更好的生活。故事讲到这里我们会觉得不可思议，孩子应该跟亲生父母在一起才对啊！

有一对夫妇多年来一直想要个孩子，却未能如愿。在"治愈"他们不育的过程中，他们遭受了巨大的痛苦和屈辱。有人告诉他们：去领养一个孩子吧，这样可以解决你们的家庭问题。故事讲到这儿我们又觉得不可思议了，领养一个孩子，不孕不育就治好了吗？

而这对亲生父母经过其他人的劝说之后，越来越相信自己没有能力给孩子需要的全部，不能成为孩子最好的父母，放弃孩子的抚养权，让孩子给别人领养应该是对孩子最正确的选择。同时不育夫妻经过大家的劝说，也越来越坚信领养个孩子就可以治愈不孕的伤害、弥补不完整家庭的残缺，并帮助到这对亲生父母。

值得重视的是不能生育本身对这对夫妻就已经是一个极大的心理创伤，在她们选择用领养代替生育之前，一定要清晰地认识到不能生育这个事实已经给自己带来的伤害和影响，并要清楚认识到领养既不是一种治疗不孕不育的方法，也不是一种消除悲伤的方法，更不能够找回丧失的自尊。这对夫妻必须首先处理生育能力丧失所带来的悲伤。同时也必须认识到抚养被领养的孩子和亲生孩子是不一样的，领养家庭与亲生家庭也是不一样的。

对于养父母需要了解：领养是一个终身的过程，并且所有的参与者将受到与领养有关的伤害。所有的当事人都必须要充分了解领养对双方父母的后果，尤其是要意识到丧失亲子关系对孩子的影响。领养必须以孩子的最佳利益为出发点。

养父母还必须意识到：领养和亲生完全不同，被领养的孩子会有很多特殊需求，这种需求必须被满足。

在任何家庭中，开放和诚实都是极为重要的，必须诚实地对待被领养的孩子。要牢记亲生父母的影子将会一直停留在领养家庭中，而养父母和孩子的影子将会停留在亲生父母家庭中。这些影子会影响所有当事人的生活。所有领养的参与者最好要进行经常性的沟通和探视。

在你继续读这本书时，希望你能意识到，只要有可能，孩子都应该待在亲生家庭或亲生家族内，将孩子与她原来的家庭分离对双方而言都是不利的。然而，可悲的是总会有一些孩子不能由她们的出生家庭成员来抚养。我希望本书这些章节有助于改变被领养者被抚养的方式，能让她们生活得更加轻松和快乐。

> **总结**
> 每个参与领养的人都必须完全认识到他们所做决定的后果。
> 领养的关注点应当是需要父母照顾的孩子，而非需要孩子的父母。
> 一个女人不可能轻易忘记她生下的孩子。
> 一个女人放弃自己的孩子给他人领养的伤痛，会与之相伴一生。

练习

闭上眼睛,试着想象一下如果你正在购物,你刚出生的孩子忽然被人偷走了,你会是怎样的感受?

放弃抚养孩子去让别人领养的痛苦,要比这种感受难受得多。

此刻的体会

你可能会感到胸闷、焦虑或痛苦。你可能会有一些无法描述的感觉。感受到这些是很正常的。领养过程中经历的情绪是人类体验中最猛烈的情绪之一,这需要得到尊重。看看周围,安抚自己现在什么都没有发生,然后大声说:"现在什么也没有发生;我知道我感觉好像发生了什么,但我们都很好!没事没事。"在接下来的旅程中将会继续学习这种方法,这也是治疗中非常强大而有效的方法。(你做了关于内在小孩的练习,大声喊出来是对治疗焦虑的肯定。)试着在日记中写下你的感受和想法。

第 2 节　原始创伤——带着伤口的创可贴

已经证实，针对放在温箱中的早产儿早期发育的各种实验中，即使她们身边的护士竭尽所能给予孩子爱与关怀，也都不及其亲生母亲的接触安抚，哪怕是隔着无菌手套和面罩的安抚。然而，将新生儿与她的生母分离然后投入养母的怀抱，此时的新生儿将永远没有机会接触生母，人们怎么会认为孩子在这样的经历中不会有任何感觉呢？

> 血脉连接，是一种联结的力量，是母亲与孩子之间深厚情感和身体连接形成的，也是胎儿和婴儿健康成长的关键。除其他功能外，这种连接还为胎儿/婴儿提供一种可以感受到安全和有保障的能力。而对于一位母亲，和她的孩子心理上的血脉相连会从怀孕开始，并一直存在。

母亲和她的孩子在出生之前、出生期间和出生之后都是血脉相连的。突然过早地中断这种连接时，婴儿会产生一个很深的、原始的伤口。最近的研究发现，新生儿并不能轻松自然地从生母向养母那里过渡。与此相反，被领养的新生儿会知道出问题了、有人不见了，从而会以悲伤和愤怒的情绪应对。这可能会导致婴儿感到被欺骗、反应迟钝或用微妙的拒绝推开养父母。

原始的创伤会产生一条断层区，这个区域里会产生各种潜在的情绪和压力，并最终导致人格的分裂——这方面内容我会在第5节详细描述。对原始伤口的认知，需要亲生母亲、养父母和被领养者都认识到，被领养者确实因此遭受了巨大的伤害。因为这会唤起每个痛苦的感觉，承认伤害的感觉是痛苦的，大多数参与者都会拒绝承认这种伤害。然而，最为基础的是：被领养者在自我重建、创伤疗愈之前，必须要承认并接受这种原始创伤，并理解它产生的影响。

> **误解**
>
> 血脉连接是在孩子出生之后才开始建立的。
> 婴儿不会感受到与母亲的分离。
> 婴儿不会受到失去生母的影响。
> 领养家庭是被领养者知道的唯一的家庭。

> **事实**
>
> 血脉连接在孩子出生之前就已经形成了。
> 孩子可以感受到她与母亲的分离。
> 母子分离的痛苦和愤怒无法忘却。
> 被领养者与她生母之间有着真实的连接。

对母亲而言，血脉连接从怀孕开始。对孩子而言，血脉连接是在出生之前胎儿产生知觉时开始的。在怀孕后期，这种心理和生理的血脉连接会得到充分的发展。胎儿会记住母亲的心跳和呼吸，无论是声音还是节奏；她出生后会立刻记住母亲的声音、她的昼夜节律及她的气味。出生第一天就可以在一堆人里认出母亲的脸。如果与生母分离，就会经历分离的痛苦和让人焦躁的愤怒（回想一下在婴儿尚未准备好之前就把乳房或奶瓶移走；她小脸通红，紧攥着小拳头，带着未被满足的需要愤怒地号叫着的情形）。但孩子和她的母亲分离时，这种最重要的连接就被打破了。这就是"原始创伤"，并且这是很多创伤中的第一个。

现在这个婴儿应该被视为一场灾难的幸存者。她刚刚在心理上遭受了母亲消逝的恐惧，我们必须正视这个事实（应该指出的是与此同时，婴儿的母亲心理上也遭受着孩子消逝的痛苦。）。这种创伤往往导致超警戒——这是一种婴儿/儿童极端的防御状态。超警戒，在心理上存在症状，会持续到成年，常会引起恐慌症发作。她会一直感觉自己最亲近的人忽然消逝的事情好像会一次又一次地发生，这是她最恐惧的事。在任何年龄，也许只是一件毫不起眼的事，都有可能成为她极端反应的触发器。

"母子"关系是不可替代的。对于母子双方而言，分离都是一种不可逆的损失，如果可能的话，应避免这样的损失。因为生母可以给孩子别人无法给予的东西。在出生之后，如果母亲和孩子没有分离，这种最神圣的关系就得以继续。新生儿会在生母的怀抱，继续倾听她的心跳和呼吸，闻着熟悉的味道，专注地凝视她的眼睛，并从母亲的眼神中得到特有的安慰。熟悉的气味、声音、眼神、皮肤接触会激活孩子的神经末梢，出生时被激活的应激激素会停止分泌。但如果没有这种皮肤接触，婴儿的肾上腺素会持续分泌，这时孩子会表现得非常"亢奋"。

孩子出生前产生的血脉连接会持续存在。孩子的母亲会在情感和生理上做抚养准备，激素和本能会相继进入孩子的身体。新生儿也会在感情和生理上准备接受母亲的抚养。新生儿会和她的母亲一起保持一种基本的联络形态（身体上和心理上）约九个月，直到这段时间结束时，才开始逐渐意识到她是一个独立的个体，并产生一种独立感和边界感。

当过早分离时，婴儿会经历从一切熟悉、安全的世界被迫到一个一切陌生、毫无安全感的世界。养母连闻起来都不对！无论你是否同意婴儿能识别出她的母亲的气味，养母闻起来确实不像是处于哺乳期的妇女。甚至她们行动的方式也和那个刚刚生下她的女人不像。新的母亲开始适应这个新来的孩子，然而她的身体动作和刚生产完的妇女完全不同，婴儿很敏感地感受到这一点，她会本能地将这个

> 与失去母亲相比，战争的恐怖都显得有些苍白。
> ——安娜·弗洛伊德

"假妈妈"推开。而这个"假妈妈"却无法理解孩子的任何身体语言。随着孩子逐渐长大,她也许会因为这个原因和各种其他的原因,不想得到来自养父母的关爱。

更糟的是养母往往也在经历心理"适应期"。她们在抚养新生儿时没有十分的把握。这是一种不安全感,来源于潜意识,如果她没有能力把孩子带到这个世界,就不可能有能力成为父母。婴儿会感觉到这种想法并且也许会执拗地回应,看似并不想得到爱护,而事实并非如此。婴儿是感觉的受体,她们其实什么都知道。如果养父母因此感到生气、悲伤、紧张或害怕,新生儿会感觉到这种情绪,并会相应地开始焦虑或担心自己。

> 健康的警戒线是可以更深入地认识到每个人都是一个独立的个体,因而从身体、情感、智力、精神上增强认同感。(《生活在舒适地带》)
> ——洛克勒

当孩子与生母分离时,她们之间会形成一道人为的警戒线,在领养家庭中,养母(可以理解)会试图清除这道警戒线,以便她可以与她现在的"孩子"建立血脉连接。不幸的是这种血脉连接只会与亲生母亲之间形成。不过,在领养家庭中,通过一些努力,建立类似血脉连接一样的亲情连接,也是可以做到的。但有的领养父母总是希望被领养者可以长得像他们、思考像他们、行为也像他们,有这样想法的领养父母,很难认识到被领养者自身的独特之处和内在的自我意识。

把领养视为解决不孕不育的治愈方法的父母和家庭,会假装一切都很"像"。在各个方面做出这样的假装需要付出很大的精力,就是为了表现得被领养者"像"出生在这个家庭中一样。被领养者也经常会努力地在各个方面都"像"她的养父母,然而,这些"像"并不起作用。例如,当被领养者每次听到这样的说法——"我爱你,就像你是我自己的孩子一样",这就是一巴掌,狠狠地打在脸上。

没有人可以爱一个人"就像"他们是别人。请告诉你的孩子"我非常爱你"就可以了。

假装一切都是"就像"是一种远离意识疼痛以促进健康氛围的方式。这种假装就像是"饭桌上的死马",因为许多家庭并不承认领养这一事实会让家庭关系变得十分复杂,这使得家庭成员拒绝处理现实问题。这里的"死马"指的是对一个每个人都知道的、但没有人会承认的、视而不见的事实(即:领养)的隐喻。不承认领养的"死马",是指保守秘密的方式,然而秘密却是破坏所有关系的毒药。保守秘密会给家庭带来气氛上的紧张,孩子们会感到不安,担心自己会是引起紧张的原因,而且也许由于孩子们看到围绕着她们的是这样的世界,会用消极反应的方式来应对紧张,也会责备自己,或变成养父母希望成为的任何一种样子。然而,每个孩子出生时都有遗传特质,例如一些遗传的才能和气质,这是无法改变的,可是领养的孩子总是会为了取悦自己的养父母而(潜意识地)绕开她们本能的行为。因为她们太害怕再次失去一个家庭，所以哪怕是忽略真实的自己，也要取悦自己的父母，因为这件事太重要了。

无法生育自己的孩子这个痛苦的事实给养父母带来了巨大的伤痛，这个伤痛请养父母必须自己处理，并在养子或养女到来前得以解决。如果这个伤口没有处理，领养家庭就会一直坚信领养会治愈不孕不育的伤痛，那么被领养者就变成了一个带着艰巨任务的孩子，她的毕生任务是全职保证她的父母会由她而从不孕不育的痛苦中解脱出来。如果她做不到，就会让养父母失望，她就不是一个好孩子。这个任务，对于任何婴儿来说都是相当艰巨的！被领养者在整个人生中都一直扮演着修复者或取悦者的角色。这是多么大的付出啊！

总结

母子关系是神圣的，将孩子与生母分离对两者而言都是一场悲剧。

分离是一个原始的创伤，并且是所遭受的诸多创伤中的第一个。必须认识到孩子失去父母的感觉，而不是隐藏。

所有涉及领养的参与者，都受到了伤害，她们必须非常尊重地看待彼此和自己的损失。

练习

试着闭上眼睛想象,你的母亲在你出生那天就死了,你是什么感受?失去生母是痛苦的,无论这种失去是怎样发生的、为什么发生。

此刻的体会

你现在可能会感到不安。重复感受失去母亲的感觉对被领养者来说是相当可怕的。你刚刚认识到你曾经失去了母亲。此刻的你可能会对发生在你和/或你妈妈身上的事情感到生气。这没什么不对。生气也没什么错。你可能会怕你有愤怒、痛苦或悲伤。但这些都是你真实的感受,是正常的,只是你的感受罢了。重复一下第1节中我们学到的肯定方法,大声地喊出来:"现在什么也没有发生;我知道我感觉好像发生了什么,但是我们都很好!"可能有时你会感觉你要一直哭,感觉自己即将崩溃或爆炸。这些也都是你真实的感觉,它们只是一些感受而已。如果现在的你仍然感到不安全,重复做肯定自己的练习,如果有需要的话,打电话给朋友获得支持。你可以随时放下这本书。有时候,我们意识到需要暂时回避自己的感受也是非常重要的,有时候我们甚至刻意为自己建立一道隔离感受的墙来保护自己,这也是非常正常的。此时试着在日记中写下你的感受和想法。

第3节　第二次创伤

> 孩子出生后不久就与生母分开，错过了建立内心深处感到安全和满意的母子关系、完成这一生理序列的机会，这对孩子的心理和身体的伤害都是根深蒂固的。此时再完美的替代母亲都无法治愈这个孩子在婴儿时期的精神创伤。（《被领养儿童的心理学研究》）
> ——佛罗伦萨·克洛西尔

有的孩子在2岁或3岁时，养父母会告诉"孩子他们是被领养的"。事实上，在孩子得知领养的时刻，被领养者并不是第一次知道她们已经有一个母亲了。正如南希耶在《原始的创伤》中所说的："记住，（被领养者）在那时（指出生和分离的时刻）就知道了！"此时孩子在过去感觉到的第一次得到了意识上的确认。告诉孩子她是被领养的，这一消息，只是确认了已知的事实，然而父母传达该信息的方式将极大影响孩子对领养意识认知的反应，并对孩子的发育产生相当大的影响。

误解

只要编一个好故事，被领养的孩子就不会觉得很苦恼。
被领养的孩子在她生命开始的时候根本不知道"发生"了什么。即便告诉她被领养的事实，她也不懂。

> **事实**
>
> 编一个好故事并不能消除孩子对领养所产生的苦恼。
>
> 发现她被领养的事实,对孩子而言,只是对一个已知事实的意识上的确认。
>
> 在告诉孩子事实的时候,孩子依然会感到悲伤和苦恼。

那么这时候有人可能会说,既然孩子会感到苦恼和悲伤,那我就永远不要告诉她领养的事实。还有些人说,暂时先不要告诉她,直到"年龄到了",可以理解了才行。看了以下原因和方法,你会明白为什么我们依然要告诉孩子真相。

1. 被领养的孩子真实地经历了与母亲的分离。虽然孩子无法形容这种经历——因为这些是在她会说话之前发生的,但因为母子分离这个对新生儿的巨大伤害已经影响了她对很多事物的最初认知。"莫名其妙"痛苦和害怕的感受总是时不时地围绕在她周围,并可能体现在她的生活中(比如缺乏安全感、信任感,恐惧任何形式的分离),这些真实的感受让被领养的孩子知道肯定有些事情发生过。

2. 请务必在孩子进入学校之前告诉她事实。因为过了这个年龄的孩子,从另一个孩子那里听到被领养故事的风险太高,而且会更加痛苦。

3. 讲述的时候不要跟孩子说下面类似的话:她来自一个领养

机构；她的父母非常爱她，所以她们才会放弃她；她的父母死了；她的父母并不爱她；她被遗弃或是路边捡来的。

4. 孩子在情感上知道有重大的事情发生过，因此，你的孩子会很容易悲伤、愤怒和困惑。事实可以帮助她看到原因，认识到自己的这些情绪，并更好地控制和发展情绪。

5. 很有可能你的孩子会在一些特别不便的时候问："我是从你肚子里生出来的吗，妈妈？"父母需要挑个时间坐下来与孩子谈谈，然后告诉她关于她被领养的事情。养父母如何及时处理孩子们在领养上的痛苦和悲伤是非常重要的。不恰当地告知或得知领养，孩子会感觉到自己的痛苦和悲伤的情绪，又不知道如何处理，这将导致她不愿再谈论自己的痛苦，与孩子的沟通就会产生很大的困难，孩子的自我建立也会停滞。所以有计划地告知要比养父母（特别是母亲）在猝不及防的一次谈话中被迫告知孩子要好得多。

6. 什么都无法完全"弥补"失去生母的痛苦。

7. 如果被领养儿童表现出悲伤、愤怒或痛苦的情绪，请肯定这种情绪！让孩子知道，感觉愤怒、悲伤或痛苦是可以理解的。这是在说明她的真实感受。孩子有太充分的理由产生这些不好的情绪，家长要理解，并一定不要让她们独自应对这些情绪。所以，父母陪伴孩子走过得知领养事实的全过程非常重要。

8. 第二次创伤中的感受会累加在首次创伤上，所以此时应该更加关心被领养孩子内心产生的痛苦、愤怒和悲伤的情绪,给她更多的爱。

9. 领养的孩子经历的身体和心理过程,和出生时生母就死去的孩子是相同的,应该以同等的心态来对待她们。

10. 养父母应提升对孩子的爱护和关怀,他们的孩子不得不经历这一损失,要理解孩子表达的悲伤,并正确耐心地引导孩子。

总结

告诉孩子领养事实,就如同告诉一个孩子她的母亲死了一样,应该重视。

孩子经历了一个很严重的损失。

没有人能弥补这种损失。

被领养的孩子将需要许多悉心的照料。

养父母会对其不孕不育的现实耿耿于怀。他们必须处理好自己的感受,才能有效地处理好孩子的感受。

练习

闭上眼睛,试着想象一下,一个孩子刚刚被告知她的生母是另外一个人,你认为她会有什么感觉?有什么方法可以帮助安慰她?试着想象一下你就是那个孩子并且正在被你的亲生母亲抱着安慰。听到她说"我爱你"和"现在不能和你在一起,我非常难过",你就会明白这个孩子非常困惑。请帮助这个孩子感到安全,告诉她出现任何的感受都是可以理解的。

此刻的体会

你可能会开始感到不安全。但重要的是，要知道，在出生时就失去母亲的经历只会发生一次。你不会再次经历它了。在脑海中大声喊出来。"我知道它就像现在仍在发生一样，但事实不是这样的，并且它永远不会再次发生了。你是安全的。"看看周围，你就能确信：你不会变回婴儿了！那件可怕的事不会再发生了！请记住，你可能会出现的任何感受都是正常的。虽然很可怕，但这是正常的。试着在日记中写下你的感受和想法。

第4节 伊底帕斯情结——好妈妈？坏妈妈？

伊底帕斯情结是弗洛伊德理论中儿童发育的一部分，包括年幼孩子（通常年龄在3岁到7岁之间）发展出的对父母中异性一方无意识的吸引力，同时，孩子会感受到与父母中同性一方之间的竞争。这些无意识的情感往往表现在与父母中异性一方的调情行为，以及对父母中同性一方被动的攻击行为。被动攻击行为一般是指通过行动而非话语来无意识地表达愤怒。

> 简单地说，解决伊底帕斯冲突将意味着要停止对父母无意识的吸引，从而要在与父母的关系上发展出一个边界。

处理伊底帕斯情结，是孩子发育过程中必要的一步，然而由于被领养者在与她们共同生活的养父母之外还有另外一套对亲生父母的幻想，因为这一事实，这种情结更加复杂。这个年龄段的被领养的孩子可能会幻想出对未知的亲生父母无意识的感情吸引。因此，任何原本应该使用的步骤在领养家庭都显得事倍功半。这是大家都从未探索过的，孩子对这对已经失去的或变成幻影的父母的微妙情感。

在这个年龄段的孩子，会经历她们的母亲是全好或全坏的过程，这就是所谓的分裂。母亲分裂成"好妈妈"和"坏妈妈"的过程，每个孩子都要经历，然而被领养者会因为实际上存在两个扮演"好妈妈"和"坏妈妈"的角色而更加困惑。

误解
被领养的孩子不会思念她们的生母。
被领养的孩子对被领养这件事不会有对抗情绪。
被领养的孩子并不会出现任何特殊的成长问题。

事实
被领养的孩子们会随时想到她的生母。
被领养的孩子，成长初期不会在两个母亲间产生困惑，但在后期，当她们发现自己是被领养的时候，就会出现这种情绪。
被领养的孩子在处理她们成长的里程碑时，不同于非领养孩子。

> 那份爱在何处，我找不到了。这个人……一直都在寻找她在婴儿期就失去了的母亲。
> （《寻找失去母亲的婴儿》）
> ——劳伦斯·E.赫奇斯

孩子的伊底帕斯情节对父母和孩子而言都是一个非常困惑的阶段。从这个阶段孩子的角度来看，如果她的母亲对她好，她就是一个"好妈妈"。如果她拒绝了孩子想要的东西，她就是一个"坏妈妈"。她们不能去理解母亲的好坏并非取决于她对待孩子的方式。而在领养孩子成长的过程中，因为多了一个妈妈的角色，在不同的时间段有时生母和养母都被认为是"好妈妈"和"坏妈妈"。那么这个时候，在这两个母亲之间就会存在无意识的内部冲突。从孩子的角度来看，如果脑子里常想着生母，现在的母亲就会离开她。此外，如果她对养母想得太多，她也会认为她那消失不见的生母可能再也不会关注她了。

另外，任何孩子关于养母的幻想都包括她对生母的幻想。每当她的养母做她不喜欢的事时，孩子可能会认为她是一个"坏妈妈"，并认为若换作生母便不会这样对她，因为她是个"好妈妈"。反之，要是有段时间她想到她的生母放弃了她，就会把养母看成一个"好妈妈"。

要想解决这种冲突非常困难，还可能会引起孩子内心巨大的混乱。并且，只要她心里还想着生母的身影，就不会停止分裂她的养母。这个年龄段的被领养儿童需要给予特别关注，并理解她可能会产生的这个巨大压力。伊底帕斯情节是领养和非领养孩子都会经历的一个心理发展阶段，而领养的孩子要承受更多的角色分裂和纠结。请给予她们理解、爱和耐心。

同时，对于被领养的孩子而言，在她对生母和养母有那么多困惑和幻想的时刻，让她跟一个母亲之间产生一种持续密切的关系非常难。此时让孩子尽情表达她的内心变化、理解她们的每一个变化，不要因为孩子此时把你归为"坏妈妈"而灰心。当你是"好妈妈"时，告诉孩子她可以把另一个妈妈也归类为好妈妈，两个妈妈不是敌人，并且都很爱她；耐心地给她帮助，为她解释困惑，这样她度过这一成长阶段也就更容易一些。

总结

这是孩子成长的一个重要阶段。

要理解,这个阶段的被领养孩子正在经历非常混乱和困难的时期。

帮助被领养的孩子谈谈她现在的经历,将有助于她更好地应对她生活中的混乱时期。

不要忘记被领养的孩子曾经历过痛苦和损失。

练习

闭上眼睛,尝试端详一下你脑海中那个年幼的自己。想象作为成人的自己的样子,并且大声与那个年幼的你说话。问一下她的感受。告诉她你就是长大了的她,你是来帮助她的。要知道,她将需要一些时间来信任你。直到她需要从你那里获得安慰。倾听她的想法,你最终会听到她自发地回应你。与她建立一段友爱的关系。

此刻的体会

最初,与你的"内在小孩"进行对话时,你会感觉到别扭。当你发现孩子意外地或自发地回应时,这种方法就奏效了。你找不到的答案,她可以。问问你内在小孩她想要什么,知道你的内在小孩想要什么,会对她及成为成人的你有很好的治疗效果。

第5节　第三次创伤：生日快乐？

潜伏期，这个阶段被领养孩子的人格开始分裂，开始产生被人忽视的感觉，这也是被领养者社会心理发育的关键时刻。这些孩子会面临一系列相互矛盾的信息——"你妈妈非常爱你，所以才放弃了你；你生母抚养不了你/我才是你真正的母亲；生日快乐/你就是这一天被抛弃的"——被领养者无法处理这些她现实生活中总在面对的、最基本的信息。此外，孩子记着这些相互矛盾的信息，并总能反复地听到它们，好像有一台录音机在一直播放这些信息一样。

孩子对这些外来的反复出现的各种消息困惑而无奈——愤怒、拒绝、悲伤、懊恼、压抑、沮丧和（虚假地）接受现状。孩子及其成人后的心理基础就是建立在这种错误的信念之上的，从原始的创伤中扩大这种警戒线，然后情感破裂。从行为上说，很多被领养者常常陷入白日梦的幻想中，精力难以集中，经常会产生注意缺陷或学习障碍。

> 情感破裂是被领养的孩子同一时间内体会到的感受的首字母缩写：沮丧、愤怒、焦虑、混乱、恐怖、不安、遗憾、冷酷、被忽视、悲伤。

因为不知道自己做了什么才导致生母要抛弃自己，被领养者经常在不知不觉中担心她们所做的一些事情可能会让其养父母也抛弃自己。孩子们会选择两种方式处理自己的焦虑——一种是更加叛逆,试图做一切养父母不高兴的事情(寻找被再次遗弃的边界);一种是尝试去做一个乖宝宝(成为一个好孩子),以避免被再一次抛弃,但总是如履薄冰,不自觉地试图确保不会重复原始的"错误"。从父母的角度来看,似乎警戒线消失了,但却难以觉察到孩子经历的情感分裂。

误解

如果这孩子看起来很好 (微笑等),那就没什么问题。
这孩子会感觉到自己是值得被爱的,因为父母经常这么说。
被领养的孩子与其他孩子一样。
如果孩子对领养事实产生了忧虑,她会说出来的。

事实

孩子很快就能学会如何隐藏自己的负面情绪,如果不对这些情绪进行肯定,一旦这些情绪被隐藏或压抑(这是一个无意识的过程),她们就不会再意识到这种感情的存在。
被领养的孩子很难相信自己是值得被爱的。
被领养的孩子是不同的。她们的生母在她们出生时就"死了",因此,她们非常痛苦。
孩子们通常不会去谈及明明知道自己父母不愿意触碰的话题。

在 6~8 岁期间，还有一个"机会窗口"可以进一步降低创伤。这个年龄段的孩子开始有认知能力，能够开始逻辑思维。这个年龄段被领养的孩子最有可能开始询问关于亲生父母的事情，此时她会在逻辑上第一次思考被领养的问题。因为她开始反复思考关于

> 对于一个孩子而言，最大的创伤是拒绝真实的自我。当一位家长不能肯定她孩子的感情、需求和欲望时，她就会拒绝孩子真实的自我。并开始重置一个虚假的自己生活下去。(《回家》)
> ——约翰·布拉德肖

她是否值得被爱的问题，她可能会说她想要她"真正"的妈妈。因为她认知的母爱应该是"正常"的母子关系才会有的。这时养父母听到她这样说会非常痛苦，但养父母要理解，这些情绪并非是因为她现在的父母而产生的，而是由于她失去了亲生父母这一事实而产生的。这一点非常重要。

在问完问题并思考自己身上到底发生了什么事之后，孩子会不可避免地反复问自己，"如果她真的爱我，就会抚养我。我肯定有缺陷，我的缺点就是我不值得被爱。"这个孩子这时会感到巨大的痛苦、悲伤和愤怒。如果我们能发现孩子在自我思考时出现的困惑，那我们就可以鼓励和协助孩子表达她对自己被抛弃的消极感受，帮助她明白这不是她的错。如果我们不去帮助孩子缅怀这最神圣的损失并协助她表达她的愤怒和悲伤，她将继续反复地思考并（无意识地）认为：她不值得被爱。这种反复的自我思考（并由越来越认为自己不值得被爱）是第三次创伤，我将之称为人格的破裂。

现在孩子的性格位于原始伤口断裂的表面。孩子的心灵处于一个不稳定的根基上，她应付不了这些情绪。个人的苦恼、愤怒和悲伤的情绪交织成巨大的痛苦，以及一种你可能称之为"失去母亲"的情结。这对于一个孩子来说太复杂、太棘手。此时的孩子要想健康成长，就必须选择压抑这种"情绪"。而压抑这些情绪的同时，孩子也必须压抑她与此种"情绪"交织在一起的童年的其他部分，她便失去了生命中对某部分的记忆。因此，等情绪再次产生，她便更加无法有效地区别和处理。孩子很可能会在以后的生活中，把她们统一归类为"领养情绪"或类似的东西。这些感情彼此之间便无法区分了，以至于在任何时候，一旦某些事情触动了她的"领养情绪（的某一个）"，就会触动到她所有的情绪，这对她而言非常痛苦且无法应付。所以她将不得不再次隐藏这些情绪，恶性循环，无法解决。

很多被领养者会把领养当作一件美妙的事情来谈，但却不愿意去意识与失去生母有关的这些强大的负面情绪。因为孩子不得不封闭自我。她可能只是看上去很好，她不得不这样伪装自己，这样她和她的父母就都不会因为负面情绪而感到失望（孩子的部分过错可能会导致再次被遗弃），所以，她会继续压抑情感的包袱。她现在已经进入了"悬而未决"的状态中。

在以后的生活中，被领养者将很难再去谈论她的感情，因为这种纠结的情绪是如此痛苦、如此难以解开。我们将在本书的第2章中讨论如何解开这种情绪。

在人格破裂之前，应试图让孩子认识到：如果有一天她与生母团聚那将是一件美好的事。这样的认知将治愈孩子的许多伤口，并帮助防止进一步的创伤。我知道，有人可能会说一个孩子拥有两个母亲会引起困惑。然而，事实是，不知道自己的亲生母亲是更令人困惑和痛苦的事。我们赞成孩子可以一直看到自己在分离状态下的两个母亲。在领养中，要让成年人表现得像个成年人，并将孩子的需要放在首位。

> 我们发现一个很有趣的现象：很多亲生母亲在经历母子分离后会变得麻木，并在麻木的6~8年后才开始"清醒过来"。也许这是对其孩子感情即将心理破裂的回应，然而孩子在6~8岁之间还是会真实地体会到这种心理破裂。

对孩子而言，"悬而未决"的状态是不真实的，这种想法被冲突的思想和故事压制。"你的生母是生下了你的人，而不是你真正的母亲，因为她不抚养你，我也不是你的亲生母亲，因为我没生下你，但我是你真正的母亲，因为我现在抚养你。"——实际上，这是大多数被领养儿童得到的信息。或者：

"生日快乐，亲爱的。"

"但是妈妈，我好伤心"……（生日反应）

"不，不是的，你是快乐的。"

又或者："妈妈，我好生气……"

"不，你有什么可生气的？你是如此特别。我们都很高兴，我们选择了你。你是幸运的。"

"妈妈我像谁？"

……沉默，或："宝贝，你跟姑姑长得很像的。"

"悬而未决"的状态是"既然事情已经这样了，就这样吧"。继续"就像"没事一样，将计就计……是在情绪和麻木之间的一座梦幻岛。你会感觉如果从"悬而未决的状态"中出来，就会窒息。所有在"人格破裂"时该会表达出来的感情都会被埋起来，只有通过外界的帮助才能发泄。大多数的被领养者会感觉她们好像从未出生，生命中发生的一切不过是一场梦，是不真实的。毕竟，连抚养你长大的人，都不是"真实"的母亲。对于许多被领养者而言，处于"悬而未决的状态"中更加安全，这种风险被无法大胆表达真实的情感所淹没。如果你密切观察会发现，被领养者经常不会表露出情感，或只会表达很浅的情感。这就像她们喜欢处于"悬而未决的状态"一样，没有情感，并经历着心理死亡。

如果被领养者没有决定开始寻亲或心理辅导，并开始主动转向自我认知和改变的过程，她将永远不会离开"悬而未决的"状态。

总结

在认知的年龄段,领养的事实会反复回荡在被领养者的脑海里,自我的思考也会像复读机似的向她证明:因为被抛弃的事实,自己一定不值得被爱,一定是有缺陷的。

一旦被领养人开始回放这个复读机,并且认为她是不值得被爱的,那她的情绪就会"崩溃"。她那些极其痛苦的情绪会复杂地扭曲成一个大大的球,以至于她不能处理自己的感情,自我思考也会得到压制。

此时的被领养者就进入了"悬而未决的状态"。

我们有机会在被领养人进入"悬而未决"的状态之前阻止她,或至少可以降低反复自我思考所产生的影响。

要知道,孩子被独自留下来应付这些感情。这些情感是如此复杂和强烈,以至于成人被领养者经常最初会感觉到自己无法生存。但通过支持和援助,她们是可以克服的。

练习

闭上眼睛,看看你内心处于认知年龄(6~8岁)的那个内在小孩,并走进她的世界。问问她是否觉得难过,是否她能克服。告诉她感到悲伤和愤怒是可以接受的。注视她的脸庞。问问她是否想要一个拥抱,如果是的话,给她一个大大的拥抱。告诉她你爱她,她可以给你比世界上任何人更多的信任,你将永远不会离开她(你不会的,对吗?)。再次告诉她"她很值得被爱"。让她知道有的时候觉得自己不值得被爱是可以理解的,并再次给她一个拥抱。告诉她你要去办点杂事,但你会24小时待命,你总是会回应她。给她一个拥抱,然后再说一次"我爱你",然后让自己回到这里,回到现在。

> **此刻的体会**
>
> 你现在可能会感觉有些悲伤。这种悲伤可能来源于大多数参与领养的人所遭受的损失。正视你的情绪,意识到你正在感受它们,因为你需要这样做,并且,这样做是非常正常的。

此刻,你也许会觉得自己表现得像一个爱哭的孩子对自己很不满意,或者感觉自己哭都哭不出来。要明白,真正的坚强是不会害怕,并且愿意让自己去真实地感受失去时所经历的痛苦。至于为自己的经历感到难过,这是很正常的表达。如果你现在感觉难过,那就说明是时候让你自己难过一回了。

如果你开始感觉到不安或焦虑,感觉到有不好的事情将要发生,那么环视房间,看看你有没有身体上的危险,然后大声告诉你的内在小孩:"现在什么都没发生,这只是我的感觉。我刚检查过,我们很好。"

第 6 节　灾难重现：谁在镜子里

因为缺乏对自己生物学起源的基本认知，被领养者在应对青春期几乎所有的问题时都会存在障碍。她们要艰难地花很长时间去形成对自己的认同感。此外，相对于其他青少年，被领养的孩子从父母身边完成自身独立的过程也会相对艰难，因为她们总是要同时应对、适应幻想中的父母及现实中的父母。

最后，在面对性关系问题时，被领养的青少年，会不可避免地将自己的起源和被抛弃的问题交织在一起，并把问题变得错综复杂。她们开始构想自己的起源和性关系之间的关系，这刺激了她们越来越多地对自己的质疑，从而增加了她们的愤怒。在这个年龄段的被领养者会经常无意识地从她们的男性朋友或女性朋友身上寻找自己生母的影子，或努力想要找到自己的生父，女性被领养者怀孕时这种情况会更加频繁。另一方面，男性被领养者往往更趋向于用肉体发泄自己的愤怒。

> **误解**
>
> 被领养的青少年和其他青少年一样。
> 不知道自己的根源和家谱,没有什么关系。
> 对自己身份的认同,可以是源自养父母的。

> **事实**
>
> 如果没有外界的帮助和支持,被领养的青少年会很难处理自己面临的一系列特殊的问题。
> 不知道自己真正的族谱,尤其在青春期,会带来极大的痛苦和困难。
> 身份与过去是和亲生族谱绑定在一起的。

青春期是一个人类开始(有意识地或无意识地)希望并渴望能拥有完美父母的成长阶段,这种"渴望"被称为家庭浪漫幻想。在这个阶段要结束的时候(经常会持续到我们二十几岁),我们终于能够认识到我们的父母是唯一抚养了我们的人。他们是一直都尽可能(希望如此)地去爱我们(希望如此)却依然会犯错误的普通人类。

然而,被领养的青少年却由于想到她们本应该被另外一对父母养大,产生巨大的心理困扰。比如每天早上(至少)照镜子,总会被提醒到这个事实,她就总会在镜子中看到一张陌生人的脸,因为她从没有见过一个跟她长得很像的人。对于被领养者而言，幻想就是现实，这就会产生一个新的关于其亲生父母的思维方式。然后被领养者就会问自己问题：我是谁、发生了什么、在哪里、什么时候、如何发生的，以及为什么会发生。这些想法会（一次次地，有意识或无意识地）出现在被领养者的脑海中。

在大街上的那个女人可能会是我妈妈吗？

那个男人，他可能是我的爸爸吗？

那一个人，她可能是我的兄弟姐妹吗？

在现实生活中，这种状态简直是一种折磨。这个时候，有的被领养者就很难认识到：自己的养父母其实是即便尽了最大努力也依然会犯错误的普通人类。而相反地，对于有的被领养者而言，因为养父母对自己的养育，他们会被视为世界上最完美的父母。这些被领养者经常会说："我很高兴我是被抛弃的！""我很高兴是他们领养了我，而不是让我跟亲生父母长大！"这就进一步让自己否认了隐藏的感情和她们所处的现实。

被领养者之所以会产生身份认知的鸿沟，是由她们对过去的信息不完全认知造成的。她们既知道自己是谁（父母告诉她们的），却又不知道自己是谁。

"我有一个家，但我还有另一个家。"被领养者只知道其中的一个家，这叫她如何将两个家的事实融入自己身份中呢？

还有更多的问题。

"这种事为什么就发生在我身上了？它真的发生过吗？我的生活应该怎么办？"

"看不到过去的未来是迷茫的。"这句话描述被领养者是多么贴切呀。被领养者总是很难决定未来的生活方向。

"我应该……吗？"

有的被领养者经常换工作。也有很多被领养者，因为害怕改变，经常坚持第一份工作，哪怕自己十分不满意。很多被领养者会选择她们的父母想要她们从事的职业。因为没有在自己的血缘亲属身边长大，她不知道自己的遗传职业技能。不是说如果亲生爷爷是伐木工人，孩子就会成为一个伐木工——她们当然可以拒绝，我是说有些技能的确存在于她们的遗传天性中，就像是她们身体的一部分。

也许最麻烦的事是，当你封闭自己，你就无法感觉到自己真实的感受（由于心理破裂），如果你不知道自己内心的想法和感受，不知道你的两个母亲及你自己被这个世界如此对待的真实感受，那你又怎么能很好地做出"下一步，我要去哪里？"这类决定呢？因为得不到关于这些感情足够的信息，被领养者思考这个世界的方式与其他人不同，这也会导致她们经常做出不现实的决定。

青春期是荷尔蒙分泌非常旺盛的时期，在这个狂热又混乱的阶段，被领养者会开始思考她们的起源，思考她们很少知道或不知道的事情,并开始质疑自己的身份:"我到底是谁?"甚至常常存在性别混淆:"我是一个真实存在的人吗?""我是真正的女人吗?"这是十分痛苦的。她们总会感觉到莫名其妙的愤怒在升级。被领养者经常会在与女朋友或男朋友的交往中寻找她们因为没有亲生母亲而体会不到的那种缺失的情感,想要通过这种方式重新获得拥有亲生母亲的感觉。这是一种十分强烈的情绪,像一个新生儿与母亲之间的关系一样。这种行为往往持续贯穿被领养者的整个生命过程。

因为她们感受不到自己的真实情感,也无法与她们的内在小孩行为一致,所以被领养者通常无法很好地选择伴侣。她们常常会选择不可靠的人。或者即使被领养者选择了可靠的伴侣,她也经常故意去破坏这段关系。因为亲密的关系会提醒她一直未被满足的童年(与曾经最亲近的生母在一起),与自己亲生母亲的亲密关系让她以被抛弃结尾,使她相信所有的亲密关系都会让她再次被抛弃。因此被领养者很难与她们的伴侣保持亲密的恋爱关系。

如果我们能帮助被领养者接触到她们真实的情感,认识到自己在婴儿时期未被满足的需求,并且明白出生时发生在她们身上的事情再也不会发生了,她们便可以开始更好地选择伴侣,并学习与她们的情侣建立良好友善的恋爱关系。

青春期的被领养者常会通过行动而非语言的方式表达自己的

愤怒和悲伤。愤怒、痛苦和悲伤都是累积出来的情绪。就好像所有导致这些情绪的想法和事情就会被放在一个大锅中，让每一次经历的情绪变得更复杂。被领养者曾遭受过三次（至少）创伤，情感的大锅已经非常满了。如果我们不去帮助她们用健康的方式表达这些情感，那盛放这些情绪的锅就会爆炸。被领养者常常不知道怎样来表达她的愤怒，甚至会因为长期的情感麻痹而认识不到它的存在。情绪的大锅已满，此时，即使是一个毫不相关的感情轻微地挑衅，也会让大锅里的所有愤怒全部爆发出来。当你觉得她的情绪爆发得莫名其妙时，说明她已经无法控制这满锅的复杂情感了。

保持秘密和隐藏压抑情绪就会积累相当多的负能量。所以，当我们能够感受到这些被我们隐藏压抑的情感，比如愤怒等时，我们就需要将这些情感的负能量释放出来。这样我们就会有更多的正能量来生活，我们才会感觉更好。并且，只有当我们能切身感觉到我们的痛苦、愤怒、悲伤及生活中所有其他的真实情感时，我们才会感到真正的幸福！

当我们学会了如何引导愤怒，我们就可以将它的负能量转换成让我们尽情享受生活的正能量。

总结

被领养者的青春期是特别困难的。

缺乏对其族谱信息的了解,加剧了她们的困难。

被领养者在青春期陷入情感危机是正常的。

当被领养者对自己身份产生痛苦和困惑时,她们会开始伪装。

愤怒、痛苦和悲伤都是累积出的情绪,一个非常小的恼人事件会引得被领养者爆发出她过去产生的所有愤怒。

练习

尽你所能,将关于生命中的青春期的记忆写在日记本上。你在做什么?你的感受和想法是什么?你和你的父母相处得怎样?你可能会记得很多,或相对较少。这都没关系。闭上眼睛,试着想象自己是一个青少年。走进以前的情景,问问年轻时的自己,你的感觉是什么。倾听你内心的回应。尝试与年轻时的自己对话,并在日记中记下这场对话。要记住,需要一段时间才能够做到这一点。万事开头难,但当你能够轻易地做到这点时,回报就是丰厚的,你能够得到疗愈,并且会更加热爱生活。

此刻的体会

开始你可能会感到愤怒,感到愤怒很正常。它只是一种感觉,愤怒是正常的感觉,而你可以用愤怒来做什么才是最重要的。你可能想大声喊出来:"我要用我的愤怒来画一幅画、写一篇故事、绕街区跑一圈、打扫房子或做饭……"你将填补内心的空虚。这个方法叫作愤怒引导，它是一种减少内心愤怒累积的非常有效的方式。你可以把你的愤怒引导到任何非久坐不动的活动中，这样做，你不但会感觉更好，你还会消除过去的情绪。你不必刻意去挖掘愤怒并去引导它，只要知道它的存在就行。你会发现，这会给你更多的正能量来过自己的生活。你能想象到不再被感情束缚的时刻吗？

第 7 节　不完全的交集：你敢做我的另一半吗？

20 多岁的被领养者在择偶和择业方面，会面临许多问题。因为各种原因，她们很难相信一段关系中的任何人。比如说被领养者很难去相信一个女性，因为就是一个女性在她人生刚开始的时候离开了她。而事实证明，一个被领养的女性也很难与一个男性建立信任并相恋，对于被领养的男性也是一样。若被领养者是男同性恋或女同性恋，她们的关系可能会存在其他问题。总之，无论被领养者的性别是什么，她们通常在任何类型的关系中都很难信任他人。同样，她们也很难选择学习的重点，以及做出职业生涯计划，因为她们往往很难触及自己真切的需求和欲望。这便会影响她们的择偶和择业。

> 那些对自己受到的伤害自怨自艾的人……不仅不能与他人建立很好的关系，对其他人也相对刻薄，尤其是当他们在很小的时候就被遗弃。由于有这样的经历，他们不信任其他人，并且每一次的分离，无论多么遥远，都会引起他们的恐惧，这让他们无法开展一段关系。（《被遗弃孩子的内心世界》）
> ——凯瑟琳·阿斯皮尔

不仅如此，被领养者还会在自己的需求和欲望、取悦养父母的压力和欲望，以及对曾经生下她们的理想化母亲幻想和希望这三者之间的冲突中经历内心挣扎，她们很难掌控自己的生活方向。尤其是两个母亲概念之间的冲突，会在成长的每个阶段发挥作用。在成年后的早期阶段，这种冲突会影响她发展一段长期的（信任或恋爱）关系，这是因为被领养者会基于对她们未知的亲生母亲而想象出的关系来寻找未知的伴侣，可同时又受到与养父母现在关系的影响。

> **误解**
> 只要养父母工作做得好，被领养者就不会出现信任别人的困难。
> 养父母弥补了孩子失去亲生父母的缺失感。
> 被领养者能从领养的家庭中找到很好的自我认知。

> **事实**
> 被领养者很难相信将其与原本家庭分离的任何其他人。
> 什么也弥补不了被领养者失去亲生家庭的损失。
> 因为被领养者认为她不值得被爱，因此她很难有良好的自我认知。

很难维系一段关系的原因有很多。其中信任问题一直是被领养者处理一段关系时最大的困难。她们连"相信自己的生母不会离开自己"的事实都被否定了，让她凭什么相信与其他人可以发展密切的关系呢？无论与养父母的关系怎样，生命中第一段亲密关系是人们建立所有信任感的基石。而被领养者的第一段信任却是以被抛弃的失败告终。失败的信任意识将一直萦绕在被领养者的脑海中。因此，被领养者越接近于某人，她感觉会被再次抛弃所伤害的风险就越大。

每次被领养者经历任何类型的失去，都很可能会触及她在生命伊始失去母亲的痛苦。如果不能发现或解决这种痛苦，那每一次失去都会累积到原始的创伤上，即使一个很小的刺激也会让被领养者感觉到一种压倒性的痛苦。对于被领养者而言，因经历一次分离而产生自己仿佛因这种失去而死亡的感觉是很正常的。如前所述，这种感觉会再次引起她对失去亲生母亲的痛苦，这就是为什么爱人的一次拒绝会让其感觉比预想更加痛苦的原因。

当被领养者进入一段浪漫的关系时，她经常会寻找那个能代表她理想化的亲生母亲的人，不管她是否意识到了这一点（有三个被领养者会经常提及的类型：不得不含泪放弃自己孩子抚养权的女人；低俗或弥漫酒精气味的老巫婆，被称为"坏女人留下了孽种"；理想化的、美丽天真的梦中女孩）。被领养者经常会犹豫不决，不是去判断一个人的真正价值，而是寻找一个可以引发好感并不会被拒绝的幻想。大多数情况下，遵循这种模式选择伴侣的人都没有意识到，在她们的行为和她们出生时被放弃这一事实之间存在着联系。

被领养者经常会陷入一系列的破碎和不健康的关系中。在我的一项对被领养者及其人际关系的研究中，我发现完成这项调查的被领养者平均有两次婚姻，并且大约有 20% 的成年人（平均年龄 32 岁）从来没有任何的恋爱关系，甚至也没有过亲密的关系。

与发展亲密关系相关的忧虑，也与被领养者恐惧有人会看到她的缺陷（不值得被爱）有关。这种恐惧，经常是无意识的，是由于被领养者坚定地认为：因为出生时就被放弃，所以自己肯定有缺陷。通常情况下，被领养者觉得她们不值得被爱，因为她们认为，既然她们的亲生母亲都不愿意抚养她，那自己身上一定存在一些问题。

> 强迫性重复是一种要通过模仿过去行为和冲突的恋爱关系去解决童年冲突的无意识的尝试。因此，注定要失败。

由于这一结论，被领养者往往会结束可能遭到任何伤害的关系。她们觉得自己不应得到任何好的东西，因为自己肯定有某种"缺陷"，结束关系是对自己适当的惩罚。

对于被领养者而言，让她们认识到"其亲生母亲当年决定放弃她们，跟她们固有的性质或特征是没有任何关系的"这一点非常重要。所有的婴儿都很可爱、值得被疼爱和关注。认为自己不值得被爱的想法就像自我毁灭一样可怕。很多被领养者很难理解这一点。

一个 20 多岁的被领养者在开始心理治疗时总会有这样的感觉，她总能找到某个证明自己不值得被爱的"弱点"，并因为这个"弱点"感到非常恐慌。她总是设想,如果这个"弱点"被所爱的人发现,她就会失去一切。

当被领养者发现自己处于一段被虐待的关系时,虽然她们并不快乐,却往往倾向于维持现状,而不愿经历分手带来的巨大痛苦。如上所述,由于会回想到在出生时被抛弃带来的痛苦,她们非常害怕任何离别,如果可以避免这种痛苦,她们宁愿维持这种混乱并危险的关系。

正如经常出现在虐待关系中的情况,施虐伴侣对被虐伴侣毫无感情。这也是他们吸引被领养者的原因——她的亲生母亲也是对她们毫无感情的人。这个无意识行为称为反复性强迫症。这意味着,有些被领养者会更倾向于寻找一定会离开的伴侣。被领养者会不断地被那些会虐待她或对她毫无感情的伴侣吸引,并不由自主地尝试改变他,让他以更友爱温柔的方式对待自己。如果改变伴侣行为的梦想实现了,被领养者就会感到不安,因为这样的话这种关系就不能真实地反映出如同失去生母的模式。希望改变伴侣无情行为的愿景,反映了被领养者希望改变其生母,使其回到她身边来关爱自己,并且永远不会再次离开。但是,由于亲生母亲永远不会回到被领养者的身边,因此,除非她的伴侣坚持自己的虐待或无情行为,否则被领养者永远不会感到安定。

如果被领养者无意中选择了不离不弃、付出真情的伴侣,被领养者就会经常无意识地去破坏这段关系。甚至认为任何真心对待她的人简直是令人无法忍受的。因为一直以来留在被领养者脑海中的信息是：被人真心疼爱是一场分离的灾难，因此，真爱她的伴侣一定会离开，她将再次感受到在她生命伊始时失去母亲的痛苦。她会感觉维持这一段完美真情的恋情是有巨大风险的。

要想发展一段成功的恋爱关系，最重要的是被领养者要理解"害怕伴侣会离开自己的强烈恐惧，是因为自己将伴侣当作了生母"。认识到了这一点，被领养者就可以逐渐学会如何看待在一段关系中对依恋的需求。当伴侣说出："看来你现在是要我做你的妈妈呀！"，如果被领养者乐意听到这样的话，那是因为她已做了足够的内在工作，这时她在发展一段关系过程中已经到达一个非常健康的阶段，那么她就可以获得一份良好的关系。当然，被领养者要比其他人做更多的自我工作。

被领养者往往在一段关系中更注重自己的需求，并会重复其原始的需求，也就是她们的亲生母亲在第一段关系中就没有被满足的需求。无论他们多么频繁地尝试填补，这些需求在恋爱关系中都不会得到完全满足。此外，被领养者往往渴望、期待伴侣能一直陪伴在其左右，对于任何事情都能给予不断的帮助和干预。即使她不会一直说，这种状态也是被领养者恋爱关系中所固有的。被领养者想要受到爱护，而这往往会造成令人窒息的气氛，并可能会吓跑她的伴侣。当被领养者担心最终会分手时，她经常变得更不自信更黏人，这是因为她害怕再一次经历失去的痛苦，把她带回失去亲生母亲的恐惧中。

被领养者在寻求一段恋爱关系时的另一个障碍是缺乏对未来的希望。没有过去的认知，就很难去展望未来，包括认识自己对未来的需求、欲望或对未来的关系有任何概念。我治愈过一个被领养的小姑娘，她总是觉得自己永远不会长到 21 岁，也永远不会感觉自己有未来。也有不少被领养者从来没想过她们会活到 30 岁——她们只是觉得这种事情不会发生，这都是由她们对过去的未知感造成的。

正如前面章节中讨论的，第三次创伤——情感破裂——造成被领养者因回想失去亲生母亲实在太痛苦了，所以干脆斩断所有的情感。由于没有直觉来引导被领养者，这也造成了她们很难觉察到自己的真实需求和欲望。她把情感隐藏在"冰"下。在选择恋爱对象时，被领养者往往意识不到那些警告她们进入一种不健康的关系的警铃。有趣的是多数被领养者更倾向于让别人去选择她们。她们选择被动发展关系。因为被领养者是被其养父母选择的，而养父母会是那个最终会向被领养者表达关爱、亲情和安全感的人。这是被领养者"见证"的关系发展的模式，并常常会影响到其进入一段恋爱关系的方式。而如果被领养者遇到一个主动愿意与其恋爱的人，即使她有一种被困住的感觉，也不知道如何拒绝这种关系，因为这是她第一次和养父母一起建立的方式。被领养者"选择"让其他人爱护她。而让被领养者主动离开或拒绝她的伴侣，几乎是不可能的。就像如果让她离开或拒绝养父母，这就是一种背叛。当然还有一个让被领养者不会主动拒绝或离开的原因：她们恐惧分离。

为了避免以上所述的现象，养父母应找到一种办法与被领养者开诚布公地讨论其痛苦和经历的损失，这是十分重要的。另一件可以做的事是开放式领养，这样被领养者就可以遇见她们的生母，看到她，知道她真正的样子。这样，被领养者可以了解其亲生父母为什么不抚养自己的合理的故事，并认识到她的生母是爱她的，最好听到生母这样对她说。

被领养者与其养父母之间也经常会产生各种冲突。比如从被领养者的角度来看，养父母是一切坏事的来源。如果她们没有领养她，那她可能还是会与亲生父母待在一起。并且，没有损失，没有痛苦。此外，被领养者和养父母往往有不同的处世风格，这是先天的基因造成的，这也会使双方的沟通更加困难。总之，孩子出生家庭的影子会一直停留在领养家庭中，所以领养家庭需要处理所有潜在的想法、情绪及超出于一般家庭的矛盾。

如果养父母也能同时分享自己的苦恼与痛苦，那被领养者就可以，也更愿意去分享她的痛苦，并使家庭成员之间更加理解，并建立更好的关系。这样的相互分享可以让彼此之间相互亲近。

要注意的是，如果没有与亲生父母的见面和了解，被领养者很难接受她的养父母作为"真实"的父母，并且她亲生父母的理想化形象也会成为继续干扰她恋爱关系及她与养父母之间关系的重要诱因。

总结

被领养者往往很难发展亲密的关系。
被领养者往往很难找到一份适合她们的职业。
被领养者往往会害怕面对自己的内心。
所有这些困难都是可以被克服的。

练习

闭上眼睛，试着想象自己7岁时的样子。走进这个场景，站在年轻时候的你的面前。大声地说："嗨，我再次来看你了。"提醒你的内在小孩，你这些年来一直在照顾她，虽然她常常会感到害怕，但你的确一直在努力很好地保护她。告诉她和别人亲近是没有任何问题的，问问她平常跟别人亲近时的感受，也问问她在听到你说这话后，感觉怎么样。告诉她有任何情绪都是正常的。提醒她，在她出生时发生的事情永远不会再次发生。告诉她一定要感受自己真实的情感，并及时把这种情感告诉给成年的你，只有这样，在你开始一段亲密的恋爱关系时，你才会更有安全感。

此刻的体会

当成年的你和你的内在小孩交流时,你可能会经历一些焦虑。有时可能会感觉有点儿绝望和脆弱。这些感觉都是不好的感觉,它们肯定会出现,但它们不会伤害你,只是让你有些不舒服。无论什么样的感觉,能够真切地体会它们,都是健康的,没什么问题。因为长期的情感麻痹,此时的你也许需要建立对那些不舒服感受的忍耐能力。去拥抱一下你的内在小孩吧!告诉她"我爱你",告诉她要放松,告诉她,她很安全。告诉她:"我知道你可能会不喜欢一些感觉,但现在我们都很好。"

第8节　过渡地带：这是我那些不记得的过去

我们前面已经指出，看不到过去的人，其未来也是茫然的。被领养者因为不知道自己的来源真相而产生的对生活的影响，正是这一格言典型的事例。如果被领养者不了解被抛弃的真相，那么她可能永远不会（除非她做了与本书所述类似的大量的自我工作）真的相信任何想要与其维持关系的人。她与别人的关系可能会因此充满困难。

被领养者在成年早期时（如结婚或生育子女）遭遇的因为人际关系而产生的困难会增加。主要的原因有：不信任别人，倾向于选择会离开她的人作为伴侣，嫉妒和（或）害怕被抛弃，无论男性还是女性都倾向于选择想象中的生母形象作为伴侣。这些常常会将被领养者的婚姻置于危险的境地。

被领养者生育孩子时也会感到不安。孩子的出生赤裸裸地提醒着被领养者自己的出生及其亲生父母。当他的妻子成为母亲时，男性被领养者可能会把他的妻子当作自己的母亲，和（或）可能将她视为抛弃了自己的母亲。另一方面，女性被领养者会将自己的亲生母亲看作她的婴儿，并经常会过度保护她的孩子；也有可能对其孩子产生无意识的嫉妒和愤怒。毕竟，她的孩子得到了她曾经没得到的东西——在亲生家庭中成长的机会。这是将要为人父母的被领养者需要注意的心理变化。

无论是男性还是女性被领养者，往往不善于打理自己的人生目标。常常会产生婴儿感（感觉自己依然是个婴儿），在工作关系及个人的关系中有时会表现得像个孩子，这会导致其在建立自己的职业生涯时也面临困难。

被领养者成年后，生活中会出现的事情（例如婚姻、怀孕/孩子出生或养父母死亡）往往会触发她们在出生或被抛弃时所产生的并一直被压抑的情感，导致情感的爆发。这时，很多被领养者开始了寻亲，或者寻求心理治疗，虽然有时候她们依然不愿意或无法承认这些都是因为领养造成的。

误解

被领养者只要看起来很快乐并且适应得很好，那这就是真实的。
被领养者决定去寻求真相，是她情绪不平衡产生的。
被领养者开始寻亲，那一定是她想报复或想发财。

事实

很多看起来快乐的被领养者，只是（无意识地）隐藏了痛苦。
被领养者想要知道她自己的真相，她的起源是正常和健康的。
被领养者想通过寻亲来"完整"自己的身份。

正如贝蒂·吉恩·利夫顿指出的,大多数被领养者心里都住着一个寻亲者和一个非寻亲者。当非寻亲者占主导地位时,被领养者就不会感觉到失去她原本家庭的痛苦,也不会有被遗弃的感觉,缺乏自我价值感。也有一些被领养者从来不去寻亲,是因为内心太恐惧以至于她不敢去处理。痛苦、悲伤和愤怒一直在酝酿,被领养者不得不将这些感受隐藏在心里,因为她觉得这些感受会让她窒息甚至死亡。她的存活率取决于她是否能成功地建立一个对抗被抛弃和(或)压制被抛弃所带来的可怕感受的无敌防御机制。

无论一个人在心里埋藏了什么样的感情,都会影响她的生活和她的恋情。被领养者很多时候对于亲密关系会觉得不安。毕竟,本该最值得信赖与其有亲密关系的人"将她抛弃了"(这里不是指发生的事情,而是被领养者的感觉)。

不知道自己生命的真相,会让人陷入一个在现实和幻想之间飘忽不定的状态。被领养者困在其中,甚至意识不到自己的情况及苦恼。除了内心的痛苦,飘忽不定的状态会在各个方面影响被领养者的生活。

被领养者处理亲密关系也会非常困难,她们总是会让自己以各种方式陷入为处理亲密关系而左右为难的状况中。

被领养者经常会情绪化地生活在贝蒂·吉恩·利夫顿和鲍勃·安

德森所说的"影子王国"中,这是一个她认为"如果自己没有被领养,就应该会在这里生活"的国度。在这里,她与那些符合她对理想化亲生母亲幻想的伴侣维持秘密的亲密关系。当她对一个潜在伴侣产生强烈的好感——这里同性和异性朋友并不重要——他们的亲密关系便陷入亲生母亲的"梦幻乐园"的世界中。相比于现实世界,影子王国是一个维持亲密关系的更安全的地方。

被领养者会选择那些肯定会拒绝她的人(反复强迫症),并努力改变这个人,直到对方意识到拒绝她是错误的,并不会再拒绝她。而不幸的是,一开始她必须选择一个拒绝者或不会对被领养者产生感情的人。

她们也常会迫使自己被人抛弃,因为她认为这是最终肯定会发生的,或坚信在她身上就应该发生这样的事情。她会坚守一个不好的甚至侮辱性的恋爱关系,因为她不能面对任何关系结束,或她认为坏的恋爱关系是她应得的。

有的被领养者也会嫉妒她的伴侣所拥有的其他人际关系,并且十分害怕被遗弃,就像她的亲生母亲抛弃她那样。如果她的生母都能抛弃她,那么其他人怎么就不会抛弃她呢?与一个人的关系越亲密,那么这种关系结束时被领养者面临恐惧的风险就越大。被领养者会因为不愿承受这些风险,想尽各种手段来阻止各种亲密的关系。

男性和女性的被领养者通常会选择与那些幻想中的母亲相似的人作为伴侣，即使她们的伴侣是男性。似乎被领养者在这个生命阶段中所有关于爱的情感、兴趣都建立在生母的化身上。这样的恋爱关系在情感上很危险，因为被领养者可能会在任何时刻再次被"抛弃"。同时，在这种恋爱关系下，如果伴侣们没有主动选择离开，这段恋爱状态将永远会让她们失望或者感到不安，因为这种状态不能"完整"她们的想象，因为她们的生母就是主动选择离开的。

被领养者经常会在一段关系中感受到（或扮演）自己只是个孩子，包括恋爱关系及工作关系。她们也会被人潜意识的不自觉地当作孩子。甚至美国多数州的法律也一直将被领养者当孩子一样对待。

正如前面已经指出，被领养者在养育自己的孩子时会经历很多困难：抚养孩子会经常让自己感到不安，因为它在提醒被领养者她自己的来源及她自己生育者的信息匮乏。

对于男性被领养者而言：当他的妻子成为母亲，他会希望妻子也能成为自己的母亲，并开始嫉妒妻子与新生儿待在一起的时间。他的妻子正在给予他的孩子自己没有得到过的东西（被自己的亲生母亲养育）。妻子便成为抛弃了他的母亲的形象。

对于女性被领养者而言：被领养者很多会嫉妒她自己的孩子，因为她给予了孩子自己没有得到的东西（亲生母亲的养育）。也有的会过度保护孩子，因为没有得到过生母的抚养，总是害怕自己做得不够像"真正的母亲"。还有很多女性被领养者经常想要自己领养一个孩子，因为这样她们认为自己在某种程度上就可以从"被拯救"的角色中转换成"拯救"的角色。

在被领养者生命的这个阶段，她常常会对自己和世界感到不安。她不能相信这个世界或其他人。为什么会这样呢？因为，她的世界从一开始就没有安全感，并且一直没有人去修复它。如果连相信自己的母亲会去抚养她的信任都没有建立好，让她如何再去相信别人？此外，因为被领养者往往会因为这种不安的误导选错伴侣，并被"抛弃"，便再次证明或强化了她的观点：这个世界是不安全的，没有人是值得信赖的。

被领养者在打理生活中的事务时，总会不断地遇到困难。如果一个人最基本的情感一直被隐藏在心底，她又如何能感受到自己真正想要什么呢？无法发现自己想要什么，她又如何处理好自己的生活呢？此时被领养者需要明白自己所有的感受，这样才能够真正知道自己想要做什么。最后，被领养者总是会不断尝试拒绝承认自己的身世问题，但在生活中总会有许多触动被领养者身世感受的"触发器"：婚姻、怀孕和分娩，父母死亡，婴儿食品，小推车中的婴儿，恋爱失败等。当被领养者遇到她所恐惧的感情时，所有这些因素都会触动其内心根源"被抛弃"的感受。她跑来跑去，像个挥舞着小星星魔法棒的小丑，试图使一切井然有序，让自己忘却对自己身世的恐惧。

通常，作为人类，我们要认识到：我们需要（在我们准备好的情况下）走进我们的痛苦和恐惧。这是我们通往治愈之路的两个路标。我们需要尊重我们的恐惧。想想你现在感觉到的恐惧。你记得吗？你儿时也体会过相同的恐惧，儿时的你，在没有任何支援的情况下，你独自一人挺过来了。所以，现在你有了支援，还有什么挺不过来的呢？

请永远不要忘记这个信念。所有上述的困难都是会变化的。被领养者要学会选一个好的伴侣并发展一段好的恋爱关系，成为好的父母并学会做父母的方式。这些需要你付出大于常人的努力和承诺，这看起来不公平，但回报却是惊人的！随之而来你将收获的，嗯……你懂的。

总结

被领养者在寻找伴侣方面，往往存在很大的困难。
被领养者在寻找合适的职业方面，往往存在很大的困难。
被领养者会在自己的身世问题上花费许多时间和精力。
所有的困难都可以得到解决，因此困难只会越来越少。

练习

闭上眼睛，试着想象如果你可以与你的亲生母亲交谈的样子。你想问她什么？你想她会说些什么、做些什么？你对她的感觉是什么？你乐意她放弃了你吗？如果不是，你对被领养这件事情是什么感受？你对她的感情是什么？愤怒？爱？怨恨？是你的感情都被捆绑起来，交织在一起了吗？

在日记中记下你对你生母和身世的感受，这些感受随着时间的推移可能会不断地变化：一开始难过，后来觉得脆弱，后来又感觉气愤等。诸如此类的感受和情绪都是正常的。因为你经历的事情带来的感受可能是世界上最复杂的感受。保持记录，并尝试把每种情绪区分开来，这样对你生活的各个方面都有帮助。

此刻的体会

此刻你可能会感到迷茫，也许是某种恐惧，那么请你深呼吸，大声对自己说"放松下来"，刚刚我们完成了这一章的内容，并做了以上的练习，此刻无论你什么感觉，请都记录下来。我能够理解你读到的内容和你的情感产生了共鸣，如果你还无法把你读到的东西和你真实的感受联系到一起，也是可以理解的。我们的情感像我们的出身一样，都是可以追溯的！一定要认识到人类所有的情感都不是致命的，它们不过是一种体会——感到害怕，没错；感到受伤，也没错。但它们都杀不死你，即使有的时候你觉得好像要窒息了。如果此时你颤抖，请环顾四周，你看，什么都没有发生，然后大声地对自己说："没事，我知道你感觉像出了大事一样害怕，但是你看，我们都很安全！"重复这样做，直到让自己感觉好一点，并认识到自己真的没事。

第 2 章

你是我的孩子

涉及为被领养者提供有效治疗方法的问题、内容和技术

绝大多数心理治疗师都缺乏处理领养的具体问题的技能。因为被领养者也意识不到领养事件带给她们的心理影响。在任何心理问题求助面前,她们甚至不会提及她们是被领养的,治疗师很容易就错过与领养相关的动态。更重要的是,被领养者的生活经历对大多数治疗师固有的专业认知也是一个直接的挑战,同时也会与他们根深蒂固的、在通常案例中潜意识所用的假设不同。由于被领养者的生活经历完全不同于未被领养的人,治疗师(除非他们也被领养过)在分析被领养的客户时,几乎没有什么经验,也没有任何特殊手段。并且,如果治疗师是养父母,他可能会无意识地更倾向于不愿承认抛弃/领养对儿童心理发育所产生的破坏性影响。

第二部分的讨论涉及为被领养者提供有效治疗方法、内容和技术的相关问题。特别将重点集中于强调被领养者的差异性、治疗师可能落入的陷阱及在与被领养者接触时有利的独特技术。

尽管本节的重点是对被领养者的专业治疗，但也提供了许多对亲生母亲、养父母、被领养者自己有用的信息。由于大多数被领养者在婴儿和儿童时期表现出来的问题并不明显，很多父母常常不会主动为她们寻求心理治疗，这就导致被领养者进入青春期或成年期之前不会得到治疗。

因此，大多数被领养者在孩童时期的"治疗师"只有她们的养父母。帮助治疗分离所产生的创伤及避免孩子的自我意识的断层，有心和明白的养父母是可以做很多事情的。而相反，在围绕领养事件方面，任何未解决的问题都一定会对孩子的成长产生负面影响。第9节论述的内容，不仅是为了我领养的孩子，更是写给即将放弃自己孩子抚养权的孕妇和未来的养父母——为她们自己，在领养发生之前，需要面对这些问题的必要性。

第10～13节主要是针对面对领养者群的治疗

师和养父母们，论述她们需要面对的问题及如何进行处理。这些章节中包含实际建议，养父母可以用于识别和处理在婴儿期和童年时期孩子所遇到的困难。

青春期的心理治疗对于整个疗愈过程发挥了积极的决定性的作用，第14节主要是用于解决被领养者青春期和其养父母的问题。

最后，第15节我们将讲到，作为成年被领养者，我们如何掌控领养经历并着手"修复"因领养造成的心理伤害。在这一节中，重点处理涉及寻亲和与亲生母亲团聚中造成强烈波动的情绪。这一部分是为青少年和成年被领养者提供心理咨询和心理治疗帮助的内容。对被领养者及其配偶、养父母和亲生父母也都非常有用。

第 9 节　她和亲生的孩子不一样

亲生父母和养父母通常在领养事件发生时都经历了巨大的情感痛苦。这些情感上的迷茫和冲突，比起寻求周围人的帮助处理，双方的父母通常更倾向于相信"一旦领养过程结束，痛苦就会消失"。然而这样，领养伤痛便从暂时的伤痛变成了一个永久不能解决的问题。

我们需要正视亲生父母和养父母在领养事件中的真实处境，并强调她们对于通过帮助来处理导致她们出现各种感情创伤的需求的重要性。如果这些父母能在放弃/领养孩子之前就了解并面对这些问题，显然最好；但如果当时父母们没有意识到这些问题，那么在父母的行为影响到被领养者之前，请务必尽快解决这些问题。

养父母必须清楚地认识到，领养既不是治愈不孕不育的方式，也不是消除根植于内心自卑和悲伤的途径。领养家庭要想和谐愉悦地生活，准父母必须要充分理解并完全释怀她们无法生育的创伤，她们也必须认识到，抚养领养的孩子与抚养亲生的孩子是不一样的，领养家庭与原生家庭也是不一样的。

虽然领养家庭不会也不可能和原生家庭一样，但这并不意味着家庭不能和谐愉悦并充满爱。经营一个和谐有爱的领养家庭，养父母不应该刻意去模仿和复制其他原生家庭的模式，而必须清楚地认识、接受并经营一个领养家庭应该有的样子。

同时，即将放弃自己孩子的生母也必须知道，放弃会对她和她的孩子产生终身的影响。她必须清楚地认识到这些具体的影响，这样才能对是否放弃孩子做出明智的决定。如果她依然选择了放弃孩子，那她也能以建设性的方式处理那些会在她以后生活中出现的由于领养引发的一系列问题。

谎言

领养可以抵消无法生育的痛苦。

领养家庭和任何其他家庭一样，养父母和其他普通父母也是一样的。

让孩子被别人领养的生母会很快忘却并继续自己的生活。

被领养的孩子体会不到原生家庭的缺失。

事实

领养不能抵消无法生育的痛苦。

领养家庭的确与其他家庭是不一样的，养父母的角色也与其他亲生父母不一样。

放弃孩子，让别人领养的女人永远不会忘记这段经历，并且所受到的伤害无法修复。

即使刚一出生就分离，孩子也是可以体会到她们亲生母亲的消失的。

我们希望：生母和养父母在放弃/领养前，为了这个无辜的孩子，请处理好领养行为所带来的这些问题。如果不这样做，这些问题迟早会出现，到时再去解决，可能会束手无策，并带来更大的不利影响。

给不了你刚出生的孩子一个家庭是非常痛苦的事，这会导致这对夫妇相信她们是失败的。而无法生育的父母也会觉得自己不完整。这些都是自己主观意识产生的深深的创伤，都需要尽快处理。

无法生育的遗憾需要致哀，放弃亲生孩子需要被悼念，与孩子的关系也需要哀悼。

如果留下的这些创伤不加以处理，那悲伤就会一直存在，抚养一个被领养孩子的能力就会受到严重干扰。被领养的孩子将成为她们本能拥有自己孩子的不间断提示，养父母很可能无意识地对这个非亲生的孩子产生怨恨。

此外，这个孩子可能会被不自觉地视为不能够带走父母痛苦的失败者，因为这些孩子看起来不像她们，行为不像，表现得也不像。能够认识到这些问题和创伤并及时解决极为重要。逃避或忽略这些问题，家庭氛围会恶化、情感的动荡会蔓延，家人的关系也会受到影响。

对养父母进行悲伤辅导非常重要。不然就像告诉一个人你的父母死了但你不能哀悼一样。失去孩子的痛苦不比父母死亡要好受多少。而与哀悼痛苦一样，对自己的损失哀悼也是至关重要的。此外，如果养父母不能处理她们无法生育所带来的伤痛，那她们又如何能处理好养子在失去原本家庭所遭受的损失和痛苦呢？

放弃孩子的生母需要认识到，放弃自己的孩子让别人去领养只是几个选择中的一个。把自己的孩子送人的决定在大多数情况下是没法反悔的。虽然针对孩子的身心健康，我们倡导更具人性化选择的"开放式领养"，但这并不具有法律效力，把孩子送人所受到的痛苦等同于孩子死亡。

除了领养没有照片，不知道孩子是否活着、快乐、健康等，放弃孩子的经历和孩子死亡没什么不同。孩子会永远消失，这很像某人去参加战争并"在某次行动中失踪"。孩子会消失于领养。事实是，同理，孩子在被领养时也能体会到其亲生母亲死去般的感觉。

一些被领养者可能会告诉你，被领养根本没有影响她们。甚至会说她们很高兴自己被抛弃。这是最高级别的否认。你也会遇到一些亲生母亲，她们可能会说自己不会受到放弃孩子的影响。这也是最高级别的否认。失去孩子或母亲的当事人不在脑海中留下印记是不可能的。

我们的社会将领养视为一种"双赢"的万能药。事实上，对于每一个参与者而言，每一次领养都伴随着巨大的损失。亲生母亲失去了她的孩子，孩子失去了母亲，养父母也失去他们遗传意义上的孩子。所有那些经过仔细考虑的领养，需要提前注意这些损失，而不能假装所有参与者会很快乐。

如果母亲实在无法将孩子留在自己的家庭中，但所有参与者都能正确处理领养的现实问题，母亲就有机会接收到支持和安慰，帮助她们以健康的方式处理领养中的损失和伤害。当我们把头埋在沙子里，意味着我们会从后面被反咬一口，而看不到灾难的到来。

总结

所有参与领养的人都会承受巨大的伤害和损失。

面对真相更健康。

养父母在领养事实前哀悼他们的损失和伤害是有必要的。

生母在抛弃孩子之前，需要认识到这个行为将会对她的孩子及她自己带来真实具体的伤害。

练习

如果你是一位养父或养母，记录下当你无法让孩子融入自己家庭中时的所有感受。

如果你是一名生母（孕妇），写下你对未出生的孩子的所有情感。

如果你不是上述人员之一，试着把自己当成她们并写下你遇到她们所处情况时你可能会产生的感受。

此刻的体会

你可能对所有的这些感受感到困惑、害怕或悲伤。任何人都会这样。人类都会对伤心的事情感到难过。作为人类，我们要能够对我们的损伤感到悲伤并为之哭泣，因为这是悼念它们的唯一方式。哭泣虽然是痛苦的，但是哭泣会把我们的痛苦带出来。将痛苦和悲伤藏在心中是非常具有破坏性的，让它们释放出来是一种有效的治疗方式。

第 10 节　分离的时候，她受了伤

被领养的新生婴儿刚刚失去了所有她喜欢的东西（现在可能是一个很好的时机，适合来阅读附录 D——领养交接的损失）。孩子失去了母亲的声音，母亲的身体、节奏、味道和触觉。她失去了凝视她的眼神、躺在她怀里的机会。

新生婴儿感知到自己失去了世界上最珍贵、最神圣的关系。她也许会推开新妈妈，也许会不安分地躺在新妈妈的怀里，当把她抱起来时，她会全身僵硬。这一种不寻常的行为与新妈妈做的事无关。这是由于婴儿在陌生环境中的不适引起的。

养父母此时需要认识到，新生儿刚刚遭受世界上最大的伤害和损失，她需要时间去悲伤。对新生儿而言，此时不是一个开心的时刻，而是应该悲伤的时刻。

> **误解**
> 将婴儿从一个妈妈交到另一个妈妈手中，她是不会知道的。
> 婴儿感受不到失去其亲生母亲的痛苦。
> 对待领养的婴儿，只要像其他婴儿一样就好了。

> **事实**
>
> 婴儿会意识到她们失去了亲生母亲。
> 婴儿会感受到失去母亲的痛苦。
> 当婴儿失去亲生母亲时,需要给予特别的关注和照顾。

> 这个孩子……只要有任何的可能,应在亲生父母悉心的护理下长大,除非在特殊情况下,幼年的孩子不应该从她的母亲那分离。(《儿童权利宣言》)
> ——联合国/儿童基金会

作为养母,对于你新的孩子,你会"闻起来不对"、听起来不对或甚至看起来也不对,但是你一定不能对抗孩子的反应。不要抗拒或缩回、不要报以拒绝的态度是非常重要的。慢慢地去拥抱孩子;让孩子习惯于你的气味、动作等。慢慢地、轻轻地和宝宝说话,要记住她已经被深深地伤害了,需要感觉到安全和有保障。她需要轻柔舒缓的声响、运动和触摸。给她一些时间。如果她将你推开,那说明她只是产生了失去生母的本能反应。

你的宝宝可能一直哭闹。如果是这样的话,要安慰她,尽量让她感到安全。你的宝宝也可能相对安静。不管你遇到什么样的宝宝,都要记住:她刚刚经历了严重的创伤。如果是成年人遭受了创伤,她们会以许多不同的方式表现出来,但即使如此,这也无法改变和消除遭受损失时伴随着的潜在悲伤。

无论你的宝宝是否明显地表现出来,你都应该假设她很痛苦并且需要细心照料。她一定是知道有些不对劲儿的，但她无法以任何方式在语言上表达出来。她失去了最喜欢的东西，可能需要一些时间让她感到安全。耐心地对待她，要一直理解她，一直保持冷静，并且柔声细语。

总结

当你的宝宝失去了亲生母亲时，她失去了世界上唯一最喜欢的东西。

你的宝宝需要你能给予她所有悉心的照料。

你的宝宝需要大量时间的陪伴及柔声细语的交流，才能得到你想要的回应。

你的宝宝正在受到伤害，并且无法向你诉说。你需要理解这一点并且体谅她的痛苦。

练习

试着想象如果你经历过自然灾难（如龙卷风或飓风），并且你的家人都遇难，只有你幸存了下来，除了你身上的衣服，你所有的财产都被毁灭时你的感受。那会是什么样子？你会怎么处理？你会做什么？你的宝宝刚刚经受了最严重的灾难或创伤，并且只剩下她的新妈妈。 一切她认识或熟悉的东西都不见了。 想着这个孩子，写下你对上述练习的答案，并记录此刻的体会。

现在,你可能会非常焦虑或愤怒,也许会感到气馁。请理解,这本书的目的是要帮助而不是打击你。这本书可以帮助所有参与领养的人更好地理解在婴儿身上发生的事情。婴儿应该是本书关注的焦点。任何措施都要符合孩子的"最大的利益"。是的,这会非常痛苦,但如果你注意到本书中提到的内容,婴儿就能得到更好的照顾,她的需求也能得到更充分的满足;并且最终她会更快乐。在这里,婴儿是最重要的。领养并不是任何相关人员的万能药,也无法治愈不能生育的后果或消除失去母亲或孩子的痛苦。但这并不意味着,在这些情况下没有其他选择能让婴儿过得更好。不过对于要照顾的婴儿而言,成人自己必须要先接受教育。

第 11 节　不要"就像",要真相

虽然告诉孩子她是被领养的,只是为了让孩子确认已知的事情,但父母传递信息的方式,将极大地影响孩子对领养这一事你的反应。

与孩子交谈,讲事实、坦诚和敞开心扉特别重要。应避免告诉孩子她很特别或是被选中的,这些基本上都是谎言,反而会困扰孩子。通过告诉孩子她是被领养的,就可以解决领养的问题然后将问题置之不顾——这一假设是不成立的。告诉或愿意讨论领养,应该是横跨于孩子成长过程的一个必须长期持续的过程。

孩子感到悲伤、具有攻击性或敌意的迹象,是父母应该警惕的状况,孩子需要帮助来处理这些情绪。

> **误解**
> 如果你告诉孩子她很特别或她是被选中的,她会对自己感觉好一些。
> 你不应该告诉孩子她是被领养的。
> 如果你告诉你的孩子,她的生父母死于一场车祸,她是不会想念他们的。

现实

告诉孩子她是很特殊的或她很幸运,都是不真实的,只会让孩子感觉更糟。

被领养的孩子总是会发现或感觉到她们是被领养的。

告诉孩子她的生父母死了不会停止她对他们的思念,并会导致孩子产生大量额外的痛苦和内疚。

> 内疚是一只穿过眼睛的手,一把插在心脏上的刀。这里没有平和、没有欢乐、没有狂喜、没有成就产生的自豪。带着内疚,成人走过的地方都是生命的假象,孩子脑海中想象的都会是恐怖的场景。
> ——约翰·D.麦克唐纳

尊重事实、坦诚和开诚布公是至关重要的。告诉孩子她是被领养的,只是确定了在她失去亲生母亲就已经知道的事情。应该允许孩子体验一切她感受到的东西。孩子可能会对她遭受的损失感到痛苦,会为其失去母亲感到悲痛,甚至会说"我想念我另外一个妈妈"。对发生在她身上的事情表达她的痛苦、愤怒和悲伤可以帮助她释怀。

被领养的孩子不想听到她们很特别、被选中或幸运之类的话。难道特别、被选中的孩子都要失去她们的亲生母亲吗?正如贝蒂·吉恩·利夫顿在《消失与发现》中写的:"如果我是如此特别,那为什么我会被选中?"如果说我很幸运的话,是否意味着失去亲生母亲就是幸运?这些疑问对孩子来说是困惑和痛苦的。任何一个成年人在面对这种表述时都会出现逻辑上的困扰,然而我们却期望,对于被领养的孩子来说,告诉她很特别或是被选中都能让她感觉好一点。此外，每次你告诉孩子她很特别或是被选中的，你都在指出她是被领养的，这就像一巴掌打在脸上。此外，对于被选中，很多被领养者会相信（在自己头脑中有一幅心理画面）她们是在一个类似婴儿超市的地方，从数百个宝宝中被挑选出来的。这真不是一个非常愉快的想法。

在世界上没有什么故事、借口可以让失去孩子的母亲感觉良好。我们能做的最好的事情，就是解释清楚这不是孩子的错，不是因为她才发生这种事情，并且她是非常值得被爱的。然后通过问她问题，鼓励她、谈论她的感觉。

还有人建议不应该告诉孩子她是被领养的。这种建议是不对的。首先，领养发生时孩子就在那里，她是知道她失去了亲生母亲的，即使那时她无法用语言说出来。第二，孩子会从朋友或邻居、亲戚那里发现这个事实。她会在某些地方听到些什么。第三，秘密是家庭的毒药。当存在一个秘密时，每个人都知道它的存在，即使他们不知道它的确切性质。秘密会导致所有的参与者紧张。第四，孩子们知道身边的成年人在撒谎。最后，当被领养者发现这个事实的时候，她们会非常愤怒自己被欺骗，由于真相被隐藏起来，她会觉得被自己的养父母出卖了。

要认识到，孩子总会认为发生在自己身上的事情一定是因为自己引起的。认识到这一点非常重要。被领养的孩子无疑会相信，她被抛弃是因为她有缺陷，并且缺陷是她不值得被爱。这种想法对孩子来说是非常痛苦的，如果不能得到解决，会在以后的生活中造成很大的困扰（参见第13节）。

这些孩子的绘画、表演等，也常会带有悲伤、侵略性或敌意的迹象。父母不应假设只要告诉孩子她是被领养的，孩子就会好起来，尤其是如果孩子永远不会再次提到它的时候。如果孩子不出声，这就会发展成愤怒，这可能会显示在与其他儿童的游戏中。

如果愤怒不以健康的方式表达出来，肯定会以另一种方式展示。如果愤怒不说出来，那它就会以物质上瘾、身体疾病或其他的消极形式（对别人或者对自己）表达出来。

我们需要在孩子适当的年龄告诉孩子真相，并以一种在她那个年龄能被理解和处理的方式。孩子们需要真正和有意义的答案，否则，她们就会对这个问题感到不安。

那么，养父母该做或该说些什么，来帮助他们处于心灵疗愈阶段的孩子呢？如果可能的话，父母应该先处理自己因无法生育带来的痛苦（如果这是你领养的因素）。必须首先以一种舒适的方式讨论领养，否则任何年龄的孩子都很难解决这个问题。并且父母应该能够认识到孩子对自己的损失所表现出来的悲伤、痛苦和愤怒。

应该告诉孩子，任何她感受到的情绪和想法都很正常。希望养父母可以认识到领养事实对孩子的伤害和她们感到的悲伤。应该让孩子哭出来，如果可以的话，抱着她。要理解，此时孩子可能会推开你，这是因为她想得到来自亲生母亲的安慰。有时安慰她可能会让她生气。如果发生这些情况，要意识到这一点。在孩子情感破裂之前，如果可以为她提供一个认亲团聚的机会，或者告诉她一些关于她生命的真相，可以避免感情破裂，或至少最小化这种情感破裂，并帮助到她。

要尽量避免通过说你知道这是什么感觉来表示你的关怀和同情。被领养者知道，没有经历她生活的人不可能知道是什么体会。同时我们也需要认识到被领养的孩子可能无法有效觉察自己的任何情感（关于领养或其他事情），或者她无法用语言来表达自己的情感。在经历了这些最可怕的感觉——害怕被消灭、害怕被愤怒控制，被领养者需要花费很长时间才能感觉到安全。在此期间，她们可能无法具体意识到真实的情感。

养父母可以说"你一定很痛苦或难过"作为一种认同。对于被领养的孩子（或年龄更大的成人），最大的问题是：谁什么、在哪里、何时、如何及为什么。简单地说，这些可以翻译为：她爱过我吗？她还爱我吗？她是谁？为什么她要抛弃我？这些年来她有没有想念过我？她在哪儿？我想要告诉她什么？我想要听到什么？她会想要看望我吗？孩子应该得到并且需要感觉到安全。对于这些实实在在的问题，获得真正的答案可以帮助她们感到安全。

"车祸"的故事已经告诉给了数以千计的被领养者。预期的结果是被领养者相信她以某种方式杀死了她的父母。她会为生存感到愧疚,并勾勒出装有她父母双亡的汽车残骸的画面。这并不愉快。这个谎言对关系来说几乎是致命的毒药。没有理由让被领养的孩子相信其亲生父母都死了。这对于已经遭受了可怕损失的孩子而言,只会勾起更大的痛苦。

我们这本书的前面讨论了"就像"这个词。回顾一下:告诉孩子,自己爱她"就像"她就是出生在这个家庭中的孩子一样,这是会引起孩子的痛苦的。孩子知道这是不真实的。你可能非常爱这个孩子,甚至可能超过亲生的孩子,但"就像"不起作用。我不能爱一只猫"就像"它是一只狗,父母也不能这样爱一个养子或"就像"她出生的家庭一样。这不可能做到,因为本来就不是这样的。此外,每次你告诉孩子你爱她"就像"你在告诉她:"她和别人不一样"。其实这时养父母只需要说"我爱你"就好,不要加上任何条件。

总结

被领养的孩子需要听到关于她们生命起点的真相。

秘密和谎言是导致家庭不和的毒药。

被领养的孩子总会认为被抛弃是她们的过错,我们需要帮助她们理解这种认知的荒谬。

练习

写下你在读这本书时产生的想法和感情。你有什么烦恼？你有什么事情不明白？你是否会不认同读到的内容，或你只是不喜欢它？如果有需要，回去再读一遍。我们不要忘记：领养要符合孩子的最佳利益，而非成年人的。我们必须始终把孩子的感情和最佳利益放在第一位。

此刻的体会

对此处所写的东西感到愤怒和焦虑是正常的。所有关于领养的事实都不是有趣或愉快的，但是如果我们真正为孩子着想，那我们就必须要了解它们。

第12节　为影子穿上衣服

亲生父母的影子总存在于每个领养家庭中。所有家庭成员要承认被领养者亲生父母的存在是非常重要的。否定他们的存在，也就否认被领养者的存在，等同于否认所有家庭成员对其亲生父母的感情。

> **谎言**
> 被领养者从来不会思念她的亲生父母。
> 没有必要承认亲生父母曾经存在过。

> **事实**
> 被领养者会经常甚至不自觉地思念她的亲生父母。
> 养父母也会经常甚至不自觉地思念孩子的亲生父母。
> 家庭中的每个人都必须公开承认其亲生父母的存在。

孩子们需要了解她们周围世界真实的运作方式，以让自己感到安全。被领养者不断挣扎着的问题是：谁、什么、在哪里、如何以及为什么，以试图去理解她的真实世界，但得到的都不是想要的答案。为了得到安全感,被领养者需要答案。而当所有涉及被领养者存在的事实,都缺乏能得到这些信息的答案,就会导致一直存在于被领养者脑海中的亲生父母的影子时不时来冒充她们想要的答案。当她亲生的父母得不到承认时,她们的影子就会在房子里"闹鬼",每个人都会被她们这个影子所吓到。

移除影子的方式,是将亲生家庭的事实带入领养家庭中。比如,在适当的时机,养父母可以说:"你的亲生妈妈一定是了不起的艺术家或好的运动员。"(取决于被领养的孩子展现出的天赋和能力)。

鼓励孩子去谈论她的亲生家庭是必需的,特别是她的生母。谈论亲生家庭有助于缓和领养家庭的紧张氛围,让每个人都表现得更自然。如果养父母有亲生家庭成员的照片(当然,他们应该试着去获取),与孩子分享将会很有帮助。

在孩子成长的过程中,她们会在某一时刻将其养父母看作好人(当他们满足孩子的意愿时),而在下一时刻会将其养父母看作坏人(当父母不满足她们的意愿时)。孩子成长的任务之一是要最终(希望如此)理解:妈妈和爸爸既不全是好人,也不全是坏人。

被领养的孩子还有一个更加棘手的问题需要解决。除了将她的养父母拆分成好人或坏人,她在现实中还会将亲生父母看作坏人，因为他们抛弃了她；但同时，如果他们来拯救她的话，他们就又成了好人。然后她的养父母在同一时间就会变成好人；但如果他们会生气，那就变成坏人了。这是一种可怕的内在冲突，很难厘清。认为父亲或母亲是坏人，会引起她们被遗弃的恐惧感，这是因为产生了这种"可怕的或坏的"想法。有一天当她认为她的亲生母亲是坏人时，她的养母就可能会变成好人；反之亦然。这种手心手背式的分裂是很常见的。

养父母需要加强对孩子的爱护，在必要的时候提醒孩子，一些行为是不能接受的，然后立即申明她们的爱。比如，当孩子对她们发脾气时，她们需要承认它并说："我很抱歉你是因为……生气，但我爱你。"或者："亲爱的，你能为妈妈画一幅你生气时候的画吗？"然后，父母需要赞美孩子画的愤怒的图像。

愤怒在被领养的孩子中是一种普遍的情绪，可以理解，不是吗？还有什么理由要她没有愤怒的情绪吗？此时的养父母，最重要的事情是要认同孩子的愤怒，理解这种分裂的情绪，并设法帮助孩子找到一种可接受的方式来表达她的愤怒，例如：说话、绘图、打扮、唱一首生气的歌、敲鼓、打沙袋等。为发泄愤怒找到一些创造性的途径是很有用的。父母应该对孩子们及时有效地表达自己的愤怒进行表扬。

询问孩子为什么会生气，并强调"感到生气很正常"，这是非常重要的态度。帮助她表达出她的愤怒，因为愤怒一旦被表达出来，就可以减轻其破坏性的力量。情绪超载对我们所有人都具有破坏性。让它们释放出来是一种治疗途径，可以防止感情破裂（参见第 13 节）。

> **总结**
>
> 被领养的孩子心中有两对父母，每一对都是真实的。
>
> 被领养的孩子需要谈论她们的出生家庭。她们也需要表达自己的感情。
>
> 被领养的孩子会经常在情绪上混淆两对父母。

> **练习**
>
> 写下你对亲生家庭的看法，特别是对脑海中亲生母亲的看法。脑海中会出现怎样的感情？写下你对这些影子的感觉。你喜欢她们，还是害怕她们？请牢记影子是一个你可能一无所知的真实的人。找出你对影感觉的方式可能有助于找出关于它们的一切——如果你把它们当作真实的，她们就不会以影子的形态留在你的脑海里。

> **此刻的体会**
>
> 可能会感到恐惧。假设这些"影子"不是好人吗？假设你发现了关于它们的那些负面的东西。如果你找出不好的事情，允许自己去探索接下来会发生什么。然后想想，如果自己一直担心这些事情，

会给自己的生活带来焦虑。你想立即知道答案并停止怀疑吗？您可能会发现，每时每刻的恐惧随着时间累积起来，就会产生更多的焦虑和痛苦，无法让你找到真相。 告诉你的内在小孩：探索这些感情是安全的，你会一如既往地照顾她，你们两个人都会没事的。

第13节　6到8岁，我可以不受伤

孩子在到达 6～8 岁的认知年龄之前，并没有真正理解逻辑过程的能力。尽管被领养的孩子知道发生了某些重大的悲伤的事情，但她并不能了解这是什么概念及它真正意味着什么。她还不能看清因果关系。

一旦孩子达到认知的年龄，她会为自己被抛弃和被领养而不断地责备自己，如果不进行干预，其心理会不断产生严重的破裂。

> 领养的语言是表达一个人对其领养经历感受的语言途径。

在破裂前，要让这个孩子能够公开谈论她的愤怒、痛苦、悲伤和恐惧及在这个年龄会出现的感受。否则，在情感破裂时，孩子会同一时间产生所有这些感受。这些感受交织在一起，就像与一个缠绕的球交织在一起。孩子便无法表达这些感受和情绪。这对孩子而言，是压倒性的。如果要生存，孩子就要压抑这些感受。而压抑感受带来的潜在伤害是无法控制的。因此，对于孩子早期潜伏的情绪，6～8 岁是治疗的关键时机，此时，知识渊博的心理治疗师或辅导人员可以让孩子发生巨大的变化。让我们探讨一下父母和治疗师如何才能充分利用这一机会，以及这个时间段中被领养的孩子跟亲生父母相见的重要价值。

我经常可以看到的一个场景是：一间屋子里满是成年人；被领养者、养父母、准养父母和亲生父母，当她们试图谈论她们的领养经历时，她们都不能明确表明一个主题。她们无法谈论自己参加支持小组的原因。由于在生命特定的周期没有人和她谈论领养的问题，她们也无法对领养的经历发表看法。所有被领养人都需要找到一种能谈论其领养体验的语言，当我们在孩子成长的过程中帮助她们谈论自己的领养经历，那么在谈及领养问题时，她们就不会表述不清，并且成年时不会有要去克服的恐惧心理。

误解

这个年龄段的孩子不会思念她的亲生家庭。
在这个年龄段的孩子不应该与亲生家庭团聚。
不用管她们，没事的，不要自讨苦吃。

事实

所有年龄段的孩子都会思念她们的亲生家庭。
一般情况下，没有理由阻止这个年龄的孩子与亲生家人团聚。
没有人可以独自一人成功处理失去母亲的痛苦，特别是儿童。

在到达认知年龄（6~8岁）之前，被领养的孩子并不能真正理解发生在她身上的事情。只要有机会，她们都会非常自由地谈论自己的感受。

一旦孩子到达认知年龄，在无法找到关于她的起点问题的答案时，她会不可避免地自己编造答案。因为孩子们认为宇宙围绕着她们旋转，被收养儿童给出的答案会让她们感觉自己是罪魁祸首，因为她相信她是有缺陷的和不值得被爱的，否则自己就不会被抛弃。一旦孩子的脑海中浮现出这些"坏"的答案，她就会经历痛苦、愤怒、悲伤、困惑。这些情感会变得过于强大和可怕，导致孩子的感情破裂。在认为自己确实不值得被爱的虚假认知基础之上，会形成破裂的人格，并且这种"认知"会躺在这种破裂的心理断层线上。认为自己不值得被爱会引起无法经历或接受的情绪，那这个孩子就会封闭自己或停止去感受，以便让自己生存下来。

如果养父母可以干预和找到方法鼓励孩子谈论自己的想法和感受，那就很有可能让孩子停止正在滋生的"坏"答案，抑制那些会导致情绪破裂的不能容忍感情的冲击。因此，这一时期非常关键，代表着真正治愈的机会。在情感破裂后，这些感受将变得压抑并交织成一个很难解开的球。

几年前的一次会议上，我遇见一个被领养的7岁女孩。她多年来一直在做噩梦，并且从来没有在噩梦中醒来，也从不记得噩梦的内容,她的养父母能做的就是在她恐怖尖叫时抱着她,直到她平静下来。我问她,她母亲是否告诉她自己是被领养的?她的眼睛睁很大,说"没有"。我又问她是否会思考领养的问题,她说"不会"。然后我问她是否曾经想念过她的生母,她说"有时会"。当我问她"有时"是什么意思时,她会非常具体地回答"一次一周左右"。我又问她:"你对她有什么看法?"她给出一大堆问题:"她是谁?她长什么样子?她在哪?她会想我吗?她为什么不抚养我?她爱我吗?她还好吗?"最后她说,"在我死前我要见到她!"她的母亲不时地打电话并报告,说自从我们到访后,她再也没有做过一场噩梦。现在,在我们的会议上真实发生的事情是:我们允许被领养者自由地谈论内心的困扰。能够谈论发生的事情并询问所有的问题,就足以防止情感破裂。即使没有具体的答案,孩子也能够从她感情和想法的自由表达中得到解脱。

我个人认为,如果在这个年龄段可以与亲生家庭见面(需要做大量的准备),这对被领养的孩子、领养的家庭和她亲生家庭都是一件好事。经常有人问,一个生命中有两个母亲的孩子不会感到特别困惑吗?嗯,这会很困惑。但被领养者的亲生母亲从她的生活中消失不见,会使她更加困惑。离异家庭的子女通常不都是生活在两个妈妈的关系中吗?

我认为,说服一个处在认为自己不值得被爱的孩子的最佳人选，是孩子的亲生母亲。对于被领养者而言，这是一笔无价的财富呀！如果尽早做这件事情，孩子也就不会出现感情破裂，并且孩子的生活会发生翻天覆地的变化。当然，见面需要认真去准备，我强烈建议做这件事时先咨询在这一领域很有经验的人的意见。

> **总结**
>
> 被领养的孩子在 6～8 岁时，有一个机会可以阻止其人格和情感的破裂。
>
> 这个年龄段是与亲生家庭见面的绝佳机会，可以为所有生活受到领养影响的相关人士带来巨大的益处。

> **练习**
>
> 花一些时间来想一下你在涉及领养问题时会出现的恐惧。然后要明白：被领养的儿童在她年幼时会感受到相同的恐惧，并且不得不在没有任何支持的情况下独立地应对它们。作为成年人，我们需要帮助她们去理解并感受这些情绪。被领养的孩子没有过（或没有）得到任何的帮助，并且最终幸存了下来。我们需要对有这种经历的孩子怀有同理心。闭上你的眼睛，给她一个拥抱，告诉她你爱她。

> **此刻的体会**
>
> 此刻你可能会觉得没有安全感。要了解关于领养的这些情感是世界上最复杂的情感之一。如果你还没有开始帮助孩子去学着谈论它，那你在处理这些情感时就会遇到很多困难。你谈论这些问题越

频繁，你对这类话题就变得越不敏感。看看你周围，你就会知道你是安全的。在脑海中大声说出："现在什么也没有发生，我知道感觉像是，但我仔细看了周围，我们都很好。放松。"

第 14 节　彷徨的青春期

由于被领养者可能不得不长时间隐藏内心的痛苦、愤怒和悲伤,青春期则又是一个她们需要表达这些情感的时间,此时的被领养者可能会用能清楚表明她们存在的方式发泄。而此时的养父母也开始因此为她们寻求心理治疗。然而养父母通常觉得孩子出现的问题与领养没有关系,有的养父母甚至认为导致孩子异常行为的是孩子的遗传性状和(或)亲生母亲在怀孕期间的行为。我们首先要纠正这些错误的观念,养父母必须清楚认识到领养的青少年在完成青春期任务时面临的特殊障碍,并给予指导,以帮助她们度过这个困难的时期。

养父母们在这一阶段做出的最重要的行动,就是鼓励和支持孩子与她的生母联系。涉及青少年被领养者逐渐形成的认知的这些情况、问题和搜索的潜在回报及她与养父母之间的关系,都需要细心地研究。

处于成长早期阶段的儿童,一般无法自己处理心理疗愈的治疗问题,而青少年却可以自己向专业人士或其他外部资源就自己的问题寻求帮助。因此,本节将直接分析青少年寻找亲生父母的利弊,以及如何向养父母引出这一问题；也讨论了可选用的家庭治疗及个人辅导方法。

> **误解**
>
> 被领养的青少年与非领养的同龄人没有不同。
>
> 被领养者的心理问题是遗传基因问题或者受生母孕期心理影响，与领养无关。
>
> 即使与生母见面，也最好等到被领养者成年。

> **事实**
>
> 被领养的青少年有一套自己的、必须要得到尊重的特殊需求。
>
> 青春期是认知固化的时期，这一时期对被领养者而言，经常是非常痛苦和困惑的。
>
> 与亲生父母见面，最好发生在青春期之前。

在青春期，被领养者开始面临自己的性别问题，询问自己的起源问题及对身份混乱的现实问题。她不知道自己是谁，此外，她也不知道自己的父母是谁，尤其是生母的身份。她可能会开始关注大街上的面孔，自觉或不自觉地作为一种方式寻找看起来像她的人。她可能会质疑自己萌动的性冲动，如果她不知道她真实的遗传学身份，她又怎么能去信任她的性身份呢？

在被领养者身体发育成熟时，家庭中的气氛可能会变得紧张。她现在可以做她母亲不能做的事情，例如生育。她的养母可能会嫉妒她，并且无意识地与她对抗。她的养父可能也看着她，因为相同的原因对她生气。她的性活动可能成为打在养父母脸上的一巴掌，无情地提醒她们不能做的事情。被领养者不太可能会意识到这一点，但在家中的紧张气氛肯定会对所有家庭成员产生影响。

被领养者的痛苦、愤怒、悲伤和困惑，都是真实的、可以理解的，并且需要得到尊重。对于被领养者而言，她就像是一个进入错误电影的演员。她真正的作用是什么？她是谁？没有人会在电影的开头告诉她发生了什么事。她必须从现在做起，在不知道过去发生的事情的情况下找到解决方法。在很多方面，她没有建立继续下去的基础，她可能会对生活中犯的错误充满恐惧。毕竟，一个错误就能让她被抛弃，这就是在生命最初发生的事情。她可能认为最好让事情按照她们的意愿发生，这样她就不会犯错。她怎么能在身份最开始就被清除的情况下来构建自己的身份呢？这是大多数情况下被领养者的无意识冲突。

养父母没有办法去理解孩子内心的骚动，他们总是认为被领养者的问题与领养事实无关，或认为亲生父母（由孩子的遗传基因，或自然父母因酒精或药物滥用而导致的）是罪魁祸首。被领养者迷失了真实的自我，并被迫在不同时刻根据周围人的期许扮演着不同的角色。她很可能会默认变成一个让朋友们感到快乐的人、一个感恩的女儿、无忧无虑的少年、一个取悦者。然而，在内心中，她仍然非常困惑，需要帮助。

被领养者会经常体会到一种隔离感,这种感觉不仅来源于难以面对自己的感情,也来源于无法与其他重要的人——尤其是养父母分享她们感情的现实。被领养者往往害怕与她的养父母谈论领养的问题。她可能是怕伤害她们,或者她可能会感觉到养父母也不想谈论这个问题。被领养者需要认识到,她不会伤害她的养父母,并且成人也要对她们自己的感受负责。此时的被领养者希望养父母可以提供支持,但如果她们因为寻找亲生父母而受到威胁或感到难过,被领养者可以通过向养父母表达真实的感受来减轻自己的忧虑,安慰养父母,并告诉养父母:无论如何自己也不会抛弃他们。

大多数情况下,被领养者的寻亲其实都是在寻找自己,为了找到完整的自己,她们需要知道自己的起点。我们希望,所有的养父母,出于对孩子的爱,支持任何可以让被领养孩子更完整、更满足和更快乐的事情。被领养者没有必要与她的养父母分享她的寻亲过程。但是,如果被领养者并没有告诉她的养父母她在做什么,保守秘密就会产生负面影响,那么她就会刻意去隐藏情绪,并会对养父母发现其寻亲活动的潜在可能性感到焦虑,这种焦虑会使她与养父母之间的关系变得紧张。她们可能会知道有什么事情不对劲。被领养者当然应该权衡与养父母分享她正在做的事情的利弊。也

> 普通的被领养者也会对她的养父母生气,因为他们没有能力去生下她,或者认为她的养父母从她的生母那里将自己"偷出来"而感到生气。无论哪种方式,她可能因为各种原因对其养父母充满怨恨。毕竟,冲着谁生气能比冲着养父母生气更安全呢?

许养父母已经知道亲生父母情况，甚至更多信息。那么分享的方式就会事半功倍。

同时，在搜索寻亲的过程中，大量阅读相关资料十分重要。此时，参加一个相关的小组或社团，将对被领养者有很大的帮助。

寻亲是一个过程，过程在很多方面要比结果更重要。在着手搜索之前，进行6～8个月的小组会议和阅读是一个合理的准备时间。寻亲不是全部目的，也不是终点，这是一个新的生活方式的开始。但被领养者要好好利用这个机会，充分享受它的好处，持续地努力是必要的。

> 当亲生母亲开始寻找被领养者时，她是在送出一份礼物。通常，被领养者在好长一段时间内都不知道如何处理。很少有亲生妈妈让被领养者失望的，她不能应付的是她自己的痛苦。

你需要知道，所有的认亲团聚都会引起痛苦。越美妙的团聚，带来的痛苦、愤怒和悲伤越大。这是一件好事，而不是一件坏事。认亲的过程会把你带回到原始创伤，回顾伤痛是治疗的唯一途径。因为在分离这些年，每个人都经历了很多的痛苦，此时我要提醒你的是参加一个相关社团或小组或个人辅导，可以帮助促进这个过程。即使没有寻找到任何的事实和线索，这也是对自己的一次重要的自我探索。

寻亲团聚会引起动态的回归。亲生母亲会回到她当时失去孩子的年龄。被领养者会回到

> 我找到了世界上最好的亲生父母。他们从我十几岁时就住在我家的街对面，我都不知道。他们很好。看到自己在领养关系中失去的东西，我会非常难过。我爱我的养父母，但这和他们无关。我会因为他们当初放弃了我感到非常生气。
> ——女性被领养者，32岁，在一次美妙团聚后的感受。

一系列年轻的小角色中，如她2天、16岁、2个星期、7岁等。这些变化可以在一瞬间发生。一个人的生活真正像过山车一样。这是正常和健康的。它可以允许被领养者以一种没有团聚的方式成熟和治愈。这并不是说没有团聚，成熟和愈合就不可能发生，而是说团聚促进了这一进程。

通过参加社团小组，可以帮助被领养者发展出独立的身份，并与她的父母分开。她可以建立一个真实的自我，并且在能控制自己生活和生命历程的情况下舒适地成长。

青春期是"浪漫幻想"的时期，这在第6节讨论过。停止幻想的一种方法就是在幻想中加入一些现实。通过搜索和寻找，并希望能与出生家庭团聚，被领养者可以开始找回部分真实的自我。但是，这需要大量的工作才能发生。这些变化不能神奇地由认亲团聚带来。这是在大量持续的社团小组、阅读和个人辅导之后才会发生。为了找回真实的自我，被领养者必须要体会自己所有的感受，无论是积极的还是消极的感受。只有亲身体会自己的感情，她才能真切体验到真实的自我。

理解认亲团聚的意义是个人成长的一个非常重要的机会之门。团聚不会导致个人自身的成长，但它确实会打开这扇成长之门。由那些已经团聚过的人来决定，她们是否想继续她们的自我发现之旅。

总结

青春期对所有青少年来说都是一个躁动的时期,但对被领养者而言,很多时候是一个更加躁动的时期。

寻找和会见亲生父母可以帮助被领养者巩固对自我身份的认知,并能乐观地生活下去。

团聚不是万能药。它不会解决任何事情,但它提供了一个巨大转变的机会。

练习

闭上眼睛,思考一下作为成年人第一次见到你妈妈你可能会多么吃惊。然后再考虑一下实际上被你自己的妈妈接受和喜爱你可能会有多吃惊。为什么不试着把这些感受和想法写在你的日记中呢?大多数的被领养者会像害怕被她们的妈妈拒绝一样,害怕被接受。

此刻的体会

你可能会从上述活动中感到烦躁。承认所有你对自己行为的感受是非常重要的。搜索和认亲团聚的过程是任何成人可以承受的最勇敢、最富挑战性和最令人恐惧的事情之一。时刻去体会自己所有的感受,你就会感到安全。只要你知道自己在做的事情,你将会为任何在旅程终点出现的事情做好准备。

第15节　心理治疗师的陷阱

对心理治疗师而言，对成年被领养者进行治疗应被视为特殊问题治疗。被领养的和未被领养的客户之间的差异需要仔细研究，要特别注意到治疗师在治疗被领养者时可能陷入的陷阱。治疗师建立信任需要的特殊技能和方式需要不断探索。用于一般客户的接近及解开交织在一起的压抑情感的技术和治疗图像，需要进行重新审视。

我们要找到促使被领养者决定接受心理治疗的原因、童年的回忆、对情感破裂的处理及其结果、生活在真实生活中的问题和不断变化的自我状态，我们对被领养者的治疗，与对灾难幸存者或受虐待者的治疗有相似之处。

在处理处于寻亲团聚进程中的客户时，治疗师还需要相当多的专业知识和技能——如何准备和帮助客户寻找她们所期望的亲生母亲的深度信息及如何帮助客户将这种新关系融入他们的生活中。

成年被领养者生活中出现的事件，例如：结婚、怀孕和生育孩子或养父母死亡，都会经常触发关于领养的情感冲突。因为涉及领养的痛苦、绝望和愤怒已经被深深地压抑了几十年，这些情绪是很大程度上无法触及并属于潜在崩溃性的。因此，大多数被领养者最终都需要心理帮助——无论是以心理治疗和／或是支持小组的形式——来审视和处理自己的情绪。我们将专注于被领养者可以采用的对其生活负面影响最小的方式方法，并着手构建真正自我感的步骤。

处理任何问题的第一步是承认问题的存在，即：领养产生的伤害是真实存在的。而对于很多被领养者而言，她们甚至连考虑这个问题都非常困难。一想到领养，就会产生极端的痛苦和困惑。对自己身世和寻亲的幻想常常会影响她们对待家人和自己的态度，很多情感和感觉会让她们认为是"奇怪"和"疯狂"的。作为心理治疗师，要让她们首先认识到领养产生的伤害。第二，心理治疗师要传达一种信息，"停留"在领养问题上是没有用的，这只会进一步影响被领养者从其中摆脱出来。在被领养者开始审视领养对其生活的影响之前，必须对这些感受和幻想进行处理。被领养者很容易就会感到"疯狂"。她生活中大部分时间可能都在思考自己与普通人的区别，并且会认为向另一个人诉说太奇怪。

在非亲生家庭中长大的人，会感觉自己患上了精神分裂症。由于缺乏关于出生和起点的真实故事细节，被领养者经常感觉自己并不存在，是从外层空间掉下来的或从婴儿用品店中挑选出来的。她感觉与非领养者不同，但不知如何描述，也不知道为什么。由于害怕证明自己的"疯狂"，她不敢告诉别人自己的感受。参加相关社团小组、阅读和与别人交谈将有助于被领养者理解她并不孤单、她的想法并不疯狂，对于拥有她一样经历的人而言，是很正常的。

在被领养的家庭和专业人员开始探讨领养对被领养者生活的影响时，书籍是一种最便捷、最安全的途径。寻找与领养相关的书籍并开始阅读是非常明智的。借助这本书，不仅可以了解被领养者的经历，还可以深刻理解亲生母亲和养父母经历的方式。

误解

在治疗被领养者的过程中，不需要专门的知识。
领养者不需要比其他人更多的治疗。
如果被领养者需要治疗，那这可能是基因问题。

事实

成功治疗被领养者需要相当多的专业知识。
遭受严重创伤的人通常都需要治疗。
被领养者与她们的母亲分离时，遭受了严重的创伤。因此，她们可能需要一些心理咨询。

什么会驱使被领养者寻求治疗？有很多触发原因（结婚、怀孕、分娩、养父母一方死亡、关系破裂）。被领养者可能对治疗师说"我想被领养已经影响了我，但我不知道是怎样影响我的"或"我有一对伟大的（养）父母，所以我应该不会受到影响"。被领养者可能甚至不会去思考失去出生家人对她的生活会产生什么影响。被领养者可能需要一些时间来认识到，最初的分离会影响她生活的大多数方面。

治疗师的其中一个任务是要确定为什么被领养者现在才来寻求治疗。被领养者可能不会意识到，但如果她能明白她们的感受和想法需要寻求一些帮助，那这将帮助她更清楚地看到她与领养之间的关系。这样，被领养者就很可以避免这一问题。

专业人士会陷入的一个陷阱是被领养者可能不会将领养视作一个问题，或甚至不会讲出来。或者她会讲述出来，然后尽其所能来否认这是一个问题。她还可能不惜任何代价来回避这一话题。请记住，被领养者可能觉得她的生活与领养无关，那她当然也就体会不到与这些经历相关的情感。

在这一点上，我们应该谈谈对情感的恐惧。如果有人害怕体会某些情感而让自己产生恐惧，那她们可能就会选择逃避。因此，她们将会害怕自己的情感。这种对情感的恐惧在被领养者人群（以及其他人）中很常见，会让被领养者的治疗非常困难。

由于被领养者的确遭受了很多"创伤",从母子分离到青春期的这个时间段内的情绪很可能被压制了。童年失忆症,对于创伤幸存者是一种常见的病症,在与被领养者工作的经历中,其中有许多人都失去了自己童年很长一段时间的记忆。任何直接感受到母子分离痛苦的原因途径,都很有可能被阻止并强迫当事人失忆。

治疗师需要意识到,在向被领养者讲述她的领养状态后,她很可能将自己比作不健全家庭中的一员,这个人或许会不记得自己的童年。这里是一些治疗师应该探讨的领域。

被领养者与她(养)父母关系是什么样的?(陷阱:许多被领养者会理想化自己的养父母,以保护自己免受养父母跟自己断绝关系的威胁,这样的被领养者应该对她们有"坏"的想法。)

被领养者拥有什么样的亲密关系?

被领养者的状态是本身状态还是表演出来的状态?

被领养者相信"所有的婴儿都值得被爱"吗?

被领养者是否认为她是邪恶的、存在缺陷或有瑕疵的人呢?

被领养者在学习方面表现如何?很多被领养者会出现学习障碍或存在注意力缺陷障碍,事实上她们是在做白日梦。

被领养者是否对自己的身份有很强的认知,并且知道她想要过怎样的生活?

被领养者可能不会如实地回答上述问题,因为为了生存,她真正的感情被压抑了。被领养者永远不会忘记失去母亲所遭受的心理痛苦，但她可能一直无法用言语表达或承认这一损失。她的身体和潜意识会提醒她记住这一损失，因此，对她治疗的重点应该是从这一损失所未解决的悲痛开始。

相比处理身体的死亡，处理心理死亡更难，因为被领养者已经意识到她的亲生母亲就在外面的某个地方，并且不知道她是否过得还好，活着或死了，快乐或悲伤。就像一个人被宣告失踪，对被领养者而言，她的母亲也消失不见了；消失于领养中。这种情况不会结束。被领养者要处理心理上母亲死亡这样的经历，类似一种精神分裂症。对于被领养者而言，不存在现实。被领养者从来没有被鼓励去悼念她的损失，而是去拒绝它。她永远停留在哀悼的第一阶段。

被领养者肯定是想让疼痛消失。人永远不能消除所爱之人死亡所带来的痛苦，但如果你对你的损失感到伤心，你就可以学习如何管理痛苦并利用它活下去。

处理情感破裂及其影响

情感破裂和社会：养父母和社会都不希望被领养者能承认她的负面情绪。这样做会破坏那种认为领养没有痛苦、每个人都很好的幻想。被领养者必须学会麻木自己关于领养的极度痛苦，来处理其他人都不想要承认的真实感受，这样麻木自己的行为看起来很有效果。然而交织在一起的思绪或困惑、痛苦的情绪会纠缠得越来越密实,让一个人越来越难以应对。

被领养者的情感核心是一团巨大的、交织在一起的、难以区分的感情。比如,痛苦、愤怒、悲伤……这些情感理所应当地交织在一起,很难分离成单独的情感,这会让被领养者感到恐惧。被领养者常会觉得自己在同一时间经历了17种不同的情感,她无法识别出每一种情感,对于任何人而言,同一时间经历大量的情感太难处理了。再加上遭受到的最初和随后的创伤,被领养者由于分离和抛弃而产生大量愤怒和无法形容的恐惧,这些情感进入她的情感核心中。治疗师在走进被领养者的情感结构中时,应该寻找这些愤怒、恐惧的情感。

愤怒和悲伤:被领养者必须开始接受发生在自己身上的事情所带来的愤怒和悲伤。下面提到的这些情形会带来愤怒和悲伤。

感觉有人消失或总觉得有什么不对劲(有人消失,而且是最重要的人。可能是她的妈妈消失,还有什么能比这更不对劲的吗?)。

> 我一直感觉有什么东西消失了,但我不知道它是什么。它只是一种空虚感;是一种我无法解释且无法分辨的空荡的空间,而且我也不想向任何人谈论它。我认为如果我告诉别人我的感受,他们会认为我疯了。在我的灵魂中存在一个洞,并且我不理解为什么它会存在,直到我参加了领养小组,在那里我学会了识别自己的感情,并且对失去亲生母亲表达我的悲伤和愤怒。那种不完整和空虚的感觉现在不见了。我治愈了自己的那一部分,我差点忘了它曾经存在过。如果不是领养小组,我不可能会克服那种感觉!那种持续微弱的、但一直存在的空虚、孤独和痛苦感是我在生命中体会到的最糟糕的感受,我很高兴它永远消失了。
>
> ——朱莉,37岁的被领养者

被领养者处理两个母亲之间的冲突,这在之前也提过。

照镜子,对于被领养者而言,看着镜子她们难免会百感交集。镜子中反射出来的这张面孔总是带着各种问号……我看起来像谁?我从哪里得到了那双眼睛或鼻子?然后不可避免地会想她是谁、她在哪里,并且会问自己的最大的问题是:她是否爱过我?她为什么要抛弃我?

约会或接近某人会让被领养者接触对将要到来的厄运的感受。当被领养者主动接近某人时,她会越来越感觉到风险,因为她曾经主动接近她的母亲时,她失去了她,所以她接近的人终究要离开她。由于遭受了3次创伤,被领养者倾向于遵循几种模式中的一个:要么她将永远避免亲昵;要么她无论如何也不会离开一段恋爱关系,不论这段关系多么糟糕,至少她能控制结局。

生日对被领养者而言是一件让人痛苦的事。这一天,别人都对她说:"祝你生日快乐"!她被告知在这一天要快乐,但这一天也在提醒她母亲的"死亡"。如果她说她并没有感觉到快乐,她最有可能被告知"你的生日一定要快乐",并被问:"怎么啦,亲爱的?这是你的生日,这是快乐的一天。"如果她不再顺从自己内心的感觉,假装快乐,真实的自己就消失了,现实消失。她的自证再一次无效,然后她会将悲痛隐藏得更深。

任何形式的拒绝或放弃、任何感知到的拒绝或放弃,或任何一种暗示分离的事情,比如失败的恋爱关系,阅读或观看《小鹿斑比》或其他童话故事、去露营、挂断电话、说再见、上学第一天、死亡，或寻找那些只是看起来像她们家人的其他人，都可能引起被领养者的愤怒和绝望的情绪。其中任何一个或类似事件都可以引起被领养者强烈的情绪，被领养者一般会出现强烈的反应，例如：需要依赖他人、推开别人，或可能会同时表现出这两种行为。

一般被领养者不会发现自己的愤怒、痛苦和悲伤或对被抛弃的恐惧，因为这些感情刚一出现，就把她带进一个巨大的、交织在一起的情绪之球中，里面充满了各种破裂的情绪。

对被抛弃的恐惧如此根深蒂固地深植于被领养者的人格中，常常会无缘无故地暴露出来，比如被领养者完成一次电话交谈，挂断电话，在她的灵魂中有某种东西会说：她与刚刚打电话的那个人的关系已经结束了。她感觉到某种程度上她做错了，并"赶走"了这段感情。然后她可能找个借口打个回复确认电话，只是为了看她能得到什么样的对待，她希望是一个好的回应，来证明自己没有因犯了一个错误而失去了这段感情。

被领养者在真实生活中的困难

"如果我不懂得如何体会和了解自己的感受，那我如何能感受我真实的存在呢？""如果我连自己的感受都弄不明白，那我如何能过上真实的生活呢？""如果我感觉不到真实，我的生命不就是一个梦吗？"这些都是被领养者可能会问自己的问题。如果被领养者没有被告知她的起点，那她就不能过上真实的生活。对于被领养者而言，别人都是被生下的，就她不是。她感觉自己就像孵出来的或者来自火星。由于被领养者阻断了破裂的情感，因此她不能面对真实的自己。她不知道是什么驱使着她生活，在生活中领养者对自己内心的感情基本上是感到"盲目"的。

对她治疗工作的主要任务之一是：在社团小组中或在心理治疗中，引导被领养者去接触和面对影响自己所有的情绪；包括关于她的母亲和面对这个世界的所有隐藏的情感一直在左右着她自己。当她开始能做到这一点时，她就开始变得真实，她在这个过程中学到了真实的方式。她开始能"看到"世界并去体验它，而不是只存在于其中。这是非常困难的工作，因为隐藏的情感非常强大。这一过程必须仔细地完成，而且要尊重对那些最有力的情感感到恐惧的恐惧感。

因为她们遭受了与亲生母亲分离的创伤，被领养者仿佛只能依靠"行走在他们看不见的钢丝上"来指引自己的生活。与常见的灾难幸存者一样，被领养者会经常感觉原始灾难会再次发生。毕竟，她还不知道为什么它已经发生了一次。为了保护自己，她只能在钢索上行走。但是，她并不知道接下来要把脚放在哪里。她只知道并且坚信是她由于自己的原因造成了最初的灾难，而她却不知道是如何导致的。她问自己：她做错了什么？如何能避免这种事情再次发生？她必须以避免灾难再次发生的方式来指引自己的生活。她很小心地行走着，一直在感觉这根钢丝。以这种方式生活，一个人总是处于边缘上，延续童年时的高度警惕感，总怕有事情出现错误。被领养者很容易出现发作性焦虑症，这在被领养者群中非常常见。所以对于被领养者，预防焦虑非常重要。

被领养者摆脱这一困境的方式是，要渐渐地、理智地去理解和接受"最初的放弃永远不会再次发生"这个事实。一旦她在逻辑上拥有这种想法（不容易做到），相信灾难不会重现，这时我们就可以通过她的内在小孩更改这种非常痛苦的生活方式。

在愈合过程中，被领养者可能倒退回很小的年纪并假装儿童时的行为，或展现给自己和心理医生一个年幼孩子的样子，这是因为在她接触内在小孩那来源于儿童期的感受时，她的身体和心灵就退化到她那个年龄的角色。她会表现得像一个儿童，说话（内容）也像一个儿童；她甚至开始奶声奶气地说话。这些时期，我们有机会加入一些内在小孩的治疗方法，帮助被领养者认识和了解并坚信她是值得被爱的，并相信她不会一直遭受到她假想的那些灾难。这些回归期间能完成的工作，对她的整个治疗之旅具有重大价值。

被领养者与那些遭受过性、身体或心理虐待的人，在心理上有许多相似之处。简单地说，幸存者都是一样的。除了突发事件，大多数幸存者都同样要去克服想象中的困难和恐惧；同样认为自己不值得被爱；频繁感觉到自己依然处于风险中；出现不断浮动的焦虑；在处理恋爱关系时也会困难重重等。引起的原因虽然不同，要做的工作也不同，但是这些"症状"却非常相似。要始终牢记，创伤是痛彻心扉的，对于治愈过程的难度也必须给予尊重。对待所有的被领养者，要像她们出了车祸，现在处于急救室中一样。就像处于休克的汽车事故受害者需要接受治疗一样，被领养者经常没有意识到自己受到伤害，更不用说会知道创伤的深度。被领养者需要谨慎地看待治疗，并需要唤醒一些强大而可怕的情感。现在，可以做很多事情来改变被领养者在生命伊始失去出生家人所受到伤害的方式，如果以一种循序渐进的方式进行，被领养者也会觉得轻松一些。

这里有几种可以接近封闭在内心中的恐怖情绪的方法。

请被领养者想象出一个橘子。里面是相互交织的情绪，以及与妈妈分离和失去妈妈的无以名状的痛苦。这个痛苦之球的每一缕线都交织在一起。在橘子内部，这些情绪安全地待在里面。橘子有一扇带有巨大挂锁的小门，只有当治疗师和患者达成一致时才能打开。门把手如此之大，即使将挂锁打开，一根小手指的压力也能使门依然保持关闭状态。治疗师解释了被领养者的情绪都是混淆交织在一起的，所以很难理解她的感受。被领养者开始移除挂锁，却把她的手指放在门上，只是为了以防万一。

要持续发现被领养者的感受。请被领养者拿出橘子中一根感情的丝线，并检查它。询问被领养者这根丝代表什么。治疗师解释，每次她这样做时，都会减少橘子中的力量。治疗师安慰被领养者，她将永远不会被抛弃，且再也不会经历任何她不能处理的事情。这有助于被领养者控制自己的情绪。

另外，还可以让被领养者想象充满了彩色胶球的胶球机。胶球的每种颜色代表一种不同的感受。胶球机中每次会有一个胶球落下来。在检查完第一个之前，另一种不会落下来。被领养者可以用上述方法，使用胶球代替橘子内部的丝线。

利用胶球机或橘子球完成这项工作，会帮助被领养者明白，如果她感觉到自己的真实情感，她并不会消失或瓦解。每一种情感都需要我们认真地对待，在生命的旅途中，能掌控自己情感，就可以对自己的生活负责，并最终真正地活着。

> **总结**
>
> 与母亲分开的经历会影响被领养者生活的各个方面。
>
> 通过帮助被领养者体会她的情感，然后去理解为什么她会对所做之事产生这种感觉，这扇门的开启，有助于改变她的经历，影响她生活的方式。

练习

闭上眼睛,试着想象这个胶球机或装满交织在一起的情绪丝线的橘球。随意地让胶球掉进溜槽或拿出一条情感的丝线。丝线或胶球代表什么情感?在日记中记下由丝线或胶球而引发的所有的情感或想法。

此刻的体会

现在你可能会感到很焦虑。拿出彩色胶球或丝线并检查它,会是一件耗费精力的、可能很可怕的事,但这些都只是你的感受而已。看看周围,你会发现现在什么都没有发生。在脑海中大声喊出:"现在什么也没有发生,只是感觉像它,我们都很好。"深吸一口气,并在脑海中大声说出:"放松。"你现在应该感觉好一些了。请注意,虽然你的情绪很猛烈,但你的确还活着。任何情绪不会伤害你。你刚刚经历过。下次你再次经历时,就会比较容易,也不会感觉如此可怕了。

✦ 第 3 章 ✦
走向更健康的领养

　　第 3 章是为健康领养行为和被领养者列出的检查列表，包括开放式领养的合理性，以及在整个儿童成长过程中专业人员定期进行的心理健康检查的必要性。类似于牙科检查，目的是扼杀处在萌芽状态的问题。这些检查也为治疗师提供了一个看到对养父母的依恋进行过程的机会，并在儿童压抑情感之前，为她们提供一个来表达难以说出的困惑和感受的机会。

第16节　检查列表

1. 应尽一切努力保证亲生家庭的完整，如果这个目标无法达成，下一个目标至少是让宝宝待在一个可以触及亲生家庭的家庭中，无论如何都要优先确保宝宝在安全和有人养育的环境内。

2. 所有的领养行为从一开始就应该是公开领养。"公开"意味着亲生母亲在孩子的整个童年和青春期可以定期探访，并且孩子始终是安全的，不会处于危险中。

> **误解**
>
> 孩子们不需要知道她们来自哪里。
> 对被领养的孩子和她的家庭而言，与出生家庭定期联络会是一件感到困惑和有破坏性的事。

> **事实**
>
> 每个人都需要并有权利知道她们生命起源的真相。
> 相比于不去接触，被领养者与亲生家庭经常接触

> 会产生更少的困惑感，并且会减少被领养者在生活中面临的很多痛苦和问题。

3. 孩子的名字和继承永远不应被剥夺。除非有特殊情况，养父母应保留被领养的孩子出生时的名字。离异家庭的子女通常都会保留孩子原来的名字，为什么被领养者就不能呢？

4. 在孩子成长阶段应该进行定期的领养检查，以减少她们将来可能会出现的问题。

检查的重点包括：

> 母亲和孩子的分离会导致心理休克并且永远不应该发生，除非别无其他选择。这种创伤会让婴儿感觉到自己的一部分已经消失了，留下不完整或缺乏整体性的感觉。
> （《原始的伤口》）

（a）对养父母的依赖过程是如何发展的；

（b）允许治疗师就孩子的想法和幻想询问一些有针对性的问题；

（c）观察父母与孩子之间的互动关系。

检查时间：第一个月内，一年，一年半，两年，探索年龄后，恋母情结阶段中间和结束后，认知的年龄段（6至8岁的年龄）。

在这些关键时间点上要进行一些对话，允许孩子谈论她的感情和思想，将会减少孩子压抑的情感。如果是一个封闭式领养，此时就到了要打开它的时间了。寻找亲生家庭将会减少孩子迷失自我带来的影响，将会帮助孩子完成成长中的任务。两个母亲会让人感到困惑，但总比知道一个而幻想着另一个好。在青春期开始阶段，如果不尽早进行寻亲活动，那么在进行心理咨询的过程中也必须要开始了（此时一定要得到孩子的认同和参与），并在青春期要进行一些短期治疗。

这些检查就像看牙医或者体检，是一种预防措施。显然，如果出现"蛀牙"，就应该根治。大多数情况下，越是允许孩子多接触她的亲生家庭，越是多和孩子谈论关于领养和感情的事情，她就越可能成为一个幸福的被领养者，生活中出现问题的机会也会减少。

总结

开放、诚实、真实和亲密的家庭关系，将成就一个更快乐、更有适应能力的被领养人。

定期拜访一位领养治疗专家，会让领养家庭避开许多问题。

练习

闭上眼睛，试着想象一下在你长大后知道存在两个母亲会怎样。在日记中写下你的想法和感受。

此刻的体会

现在你可能感觉到一些矛盾的情感。想到要伴随两个母亲的概念成长是一件多么困惑的状态。也许是这样的。但你再想象一下,成长中对自己亲生母亲一无所知的感受又会是怎样的。这些都仅仅是你的感受而已,你可能会对这些感受感到困惑,但它们都是过去的感受了,现在的你可以不再用压抑或逃避的方式来处理它们。你可以重复第 1 节结束时介绍的抗焦虑肯定治疗方法。

第 4 章

获取帮助

显然,领养问题给被领养者造成的伤害,会对其自我成长、发展亲密关系的能力及过上真实生活的能力产生深刻的影响,被领养者可以从一个了解领养问题的专业人员的治疗中获益。但由于各种原因,找到这样一位治疗师可能并不容易。第 17 和 18 节将讨论这些困难的原因,并为找到正确的治疗师提出建议。

寻亲活动和参加社团小组可以提供一种替代治疗的方法。第 19 节讨论加入社团小组的好处,并描述了被领养者能从此类小组中期望获得的东西。

第17节　选择正确的治疗师

遗憾的是，目前绝大多数的心理治疗师都缺乏用以解决领养问题的专业技能。因为被领养者通常很容易认为领养事件本身对她们来说并没有影响，她们甚至不会去提及她们是被领养的，这样会导致治疗师很容易错过与领养相关的动态和分析。

更重要的是被领养者的经历会直接挑战治疗师的诸多专业认知。它也会同时违背一般治疗师根深蒂固的且经常不自觉所持的假设。被领养者的生活经历完全不同于非领养者，治疗师（除非他们是被领养的，并且自己经历过领养治疗）几乎没有经验来处理被领养的客户。如果治疗师恰好是养父母，那就更加复杂，她可能会无意识地倾向于不承认放弃/领养对儿童心理成长的破坏性影响，否则她就必须理解和承认领养对孩子的影响。

在这里，我们将告诉读者如何挑选领养治疗师。虽然只有很少的治疗师专注于这一领域，但有其他相关领域的经验，如擅长处理创伤后应激障碍、研究早期母婴分离和悲伤的治疗师,或者是拥有必要专业技能和观点来处理领养创伤的治疗师。读者也应注意避免某些明显的陷阱,例如不要去找那些不将领养看作问题的治疗师。

> **误解**
> 任何一个治疗师都能够在治疗中充分帮助被领养者。
> 如果被领养者成长在一个好的家庭中,那她就不需要心理治疗。如果她们开始寻求治疗,这也一定不是因为失去她们亲生家庭而引起的。

> **事实**
> 选择对领养问题有独到理解的专业治疗师。
> 母子分离的影响是深刻的,并一直被很好地掩饰着,被领养者的心理常常看起来没什么大毛病,在对被领养者进行心理分析和治疗的时候,只要能正确地找到问题,那么咨询和治疗一定会有好的结果。

在选择心理治疗师时,每个人都有权拜访多个潜在治疗师,之后来选择一个符合她们需求的治疗师进行咨询和治疗。我们有权知道治疗师是何时何地获取他的学位、他是否得到法律的授权、他接受过怎样的专门培训及他是否有安全保障。我们也有权知道治疗师在处理领养相关问题上有多少经验、治疗师是否有个人的领养经历及他有过什么样的经历。如果潜在治疗师不愿提供这些信息，那我们最好另作打算。

有些治疗师没有与领养相关的任何经验，对这个问题也没有很大的敏感性。你需要找到对这个问题很敏感的人，并且与他相处感到很舒服，他才可能在你的治疗之旅上帮到你。

> **总结**
>
> 对于任何参与到领养事件中的人，通过和治疗师谈论她们的领养经历和影响都可以有所收获。
>
> 为了治疗那些受领养影响的人，一个专业有经验的治疗师，必须对领养问题抱有独到的理解和敏感性。
>
> 你有权拜访多个潜在治疗师，直到找到适合你的人。

第 18 节　从治疗师的角度来看

除非有迹象显示其他情况，否则被领养者可以被视为有创伤后应激障碍的人来对待。在生命开始时失去母亲是最高层次的创伤，需要得到尊重。

治疗被领养者和一般人群的区别：

1. 治疗师在没有被告知领养事实的情况下很容易忽略其带来的影响，从而影响心理分析和治疗。

2. 被领养者可能像其他不正常的家庭（或任何其他幸存者）中的患者一样，无法回忆童年。

3. 被领养者常说"我没有受到领养的影响"，很多治疗师也接受这一点。然而领养事实不可能没有产生影响，并且必须是一个要加以探讨的问题。

> 如果一个治疗师在她童年的时候以某种方式被虐待或遗弃，并且后期没有及时处理和治疗这些心灵创伤，该治疗师就可能会无法理解她客户的强烈痛苦，因此，也无法为客户完成疗愈。

谎言
治疗被领养者不需要任何特别的知识，她们就像其他人一样。

> **事实**
>
> 治疗被领养者需要专门的知识，因为被领养者的心理是不同的。

4. 被领养者和经历过虐待的患者有相似的经历，虽然被领养者没有通常意义上的被"虐待"。原始的创伤和随后情感断裂的影响也是根深蒂固的，以至于我们有必要将被领养者作为幸存者考虑，类似于那些曾经被虐待的个体。

5. 被领养者被迫困在哀悼的第一阶段（即被拒绝／被遗弃）：虽然亲生母亲已经"死亡"，但被领养的孩子却不被允许去哀悼。

6. 被领养者的生活常是左右为难、自相矛盾的状态：我的亲生母亲对我而言就像死去了一样，然而她并没有死去；我出生了，但我并非是亲生的；生日本该是快乐的时光，但此刻我却很悲伤和困惑。

7. 被领养者的情感常是非常不真实的。因为她的情感交织在一个巨大的无从捉摸的情绪之球中，被领养者很难区分她的各项情绪，甚至都不能具体体会到这些情绪。

8. 被领养者在真实生活中会经历特有的困难。

9. 由于治疗师往往不能产生共鸣，也可能不想去产生共鸣，在治疗的过程中，被领养者很难做到信任治疗师并相信治疗师可以理解和支持她的心理状态。

（a）被领养者的经历会推翻许多治疗师的专业所学，以及许多根深蒂固的假设。如果治疗师不想接受这里写的东西，那请问自己"为什么"。有时被领养者也不愿接受原始创伤理论，甚至大多数领养参与者都不愿接受。

（b）很多治疗师恰是那些没能处理好自己不孕不育情感的养父母。此外，治疗师就像她们客户的养父母，所以对客户而言，移情真的很难（当治疗师轮换着代表两个不同的母亲时，两个母亲之间的冲突是巨大的）。治疗师更可能会经历强烈的反移情，即使她不是养父母，与被领养者沟通治疗时也会感到有很大的难度。

10. 被领养者的生活经历完全不同于非领养者。因此，很多治疗师经常不知道也无法想象她客户内心世界的样子。

11. 如果把被领养者比喻成来自火星的人，那么认亲团聚就像生活在木星上。团聚成倍提高了被领养者现实的生活质量。在团聚阶段的后期，客户自我状态的变化会比秒针还快。被领养者的回归状态可能改变得非常迅速，以至于治疗师常常无法跟上。

12. 如果被领养者一开始就考虑和她生母的寻亲团聚，那么治疗师就是在为有意识地会见她母亲的人工作。这样的客户的分析要点，对于没有经历过相关培训和经验的治疗师来说，是一件完全不知道如何来准备的事情。

13. 治疗师必须接受一个概念，即被领养者结束痛苦感的最佳途径是（精心准备的）寻亲团聚。

14. 如果可能的话，治疗师也应该帮助客户找到领养相关的社团小组。很多被领养者从未刻意去和另一个被领养者交流——可能会害怕这样做。然而这类小组的氛围却是非常有助于治疗的。

15. 心理治疗师参加领养相关的社团小组会得到很大的帮助，通过大量阅读相关文献并参加领养小组，来真正掌握处理受到领养影响客户问题的工作。

> **总结**
>
> 治疗有领养经历的客户，是一个不寻常的任务，任何治疗师在试图帮助那些受到领养影响的客户之前，最好做大量的"家庭作业"。

第19节　找到一个社团小组

> 很好的支持小组应该是一个安全和尊重的空间，其中的每个成员都受到重视……你应该感到被接受，并能够诚实地谈论你的经历和你的感受……重点应集中在每个成员个人独特的治疗旅程上。
> （《治疗的勇气》）

被领养者往往花费了大量精力来压抑自己关于领养的感情，所以很多人从来没有与任何人交谈过，尤其是与其他被领养者谈论她们的经历。领养社团小组为被领养者提供了一个理解和探索这些感受的机会。

许多社团小组都对领养三联体的所有成员开放，三联体包括被领养者、亲生父母和养父母。能与一些亲生母亲身份的成员交流，是一个非常好的机会，刚开始可能会令人不安，而这样的交流对于试图了解自己亲生母亲的动机和关于她放弃自己的感受的被领养者来说是弥足珍贵的。当然，不只是被领养者，三联体的所有成员及那些生活受到领养影响的所有人（领养者的伴侣、家人或朋友），都可以从领养社团小组中获益。

寻亲行动和社团小组都能给领养相关问题的处理带来实际的帮助。对于试图寻找亲生父母或已放弃孩子的人来说，社团小组的帮助是必要的，能给寻亲过程中遇到的困难和后期亲生家庭团聚或相处过程中所产生的复杂强大的情感提供强大的支持。

> **误解**
> 参加领养社团小组的人都是弱者。
> 社团小组与心理治疗是一回事。
> 支持小组就像一个俱乐部。

> **事实**
> 只有强大的人才会去参加领养社团小组。
> 参加小组与心理治疗不一样,但可以作为一种治疗方式。
> 支持小组不是俱乐部。它包含拥有共同目标和经历的一群人,这些目标和经历将她们聚在一起,相互帮助、相互支持。
> 参加领养社团是寻亲过程中一个重要的部分,因为寻亲行为简单,但处理情绪很难。

领养社团并不是治疗的替代品,而治疗需要支持小组的帮助。在同一时间参加治疗和领养社团是有协同意义的,从这两者中同时获得的益处比单独参加其中一个要大得多。它提供了一个遇见和自己有共同经历的人及那些能理解自己的人的机会。

支持小组提供了产生巨大变化和治疗的机会。大多数情况下,如果你不断待在一个类似于支持小组这样的安全地方,来表达你的痛苦、愤怒和悲伤,焦虑就会减少,感到沮丧的可能性也更小,并能更好地处理生活中出现的困难。这是释放情绪或表达出你隐藏情感的很多潜在好处中的一个。持续做一段时间之后，如果你依然感觉情绪低落（不包括临床抑郁症），你还可以有几个选择。你可以选择保持沮丧，但这是非常难受的。你也可以选择不沮丧。在脑海中大声喊出来，这是一种与你潜意识思想交流的方式，这样你拒绝沮丧的做法就会起作用。第三种选择是保持沮丧，但要去享受它。穿上最喜欢的毛衣或浴袍，挑选最喜欢的书来阅读，欣赏你喜欢的音乐和电影，或者为自己准备一顿特别的大餐……对待自己（和你内心的小孩）要像对待一个感觉不好的孩子一样——做自己的妈妈。尝试一下，你可能会喜欢的！

总结

领养社团小组是寻亲团聚活动中最重要的部分。

社团小组和治疗相互促进，相比只参与其中一种而不参与另一种，帮助你得到更快的治愈。

练习

尝试想象下将要去参加有很多和你一样经历的人的领养社团小组，你有什么感觉？

尝试在你的日记中写出你的回答。

此刻的体会

你可能会感到害怕，甚至害怕参加社团活动。很多人第一次都会害怕。不要忘记：小组的每个人都将在同一条船上；每个人都有类似的经历。事实上，社团小组会让你感觉它是世界上最安全的地方。因为这是一个你可能第一次被理解的地方。

✦ 第 5 章 ✦
我们会遇到的挑战

大部分被领养者成长在不允许或不擅长谈论痛苦、愤怒或悲伤等情绪的家庭。如果是这样的话，那些被领养者就不知道领养的语言，也就没有办法表达自己的经历和感受。治愈破裂的第一步是开发一种语言，让你能够形容对自己经历的感觉和想法。大多数情况下，我们不是在谈论与领养有关的感觉，而是在讨论失去亲生家庭的感觉。

被领养者无法意识和感知到有关自己经历的任何感觉，或可能意识到一种不安的感觉是很常见的。麻木是避免疼痛的一种方式。在被领养者还小的时候，麻木可能很适合她，但是作为成年人，我们需要感觉到我们对生活真正的感受。如果我们开始害怕某一些感觉，那么我们需要知道，这种感觉不会杀了我们。我们不会被感觉毁灭。刚开始这种感觉可能会很强烈，但是随着时间的推移，我们开始认识到我们不会因为感觉到自己的真正感受而死掉。我们需要知道：有生气的情绪并表达出来是可以的；感到悲伤并表达出来也是可以的；哭泣是需要勇气的，这并不说明你的软弱。虽然感觉像是这样，但如果我们不放任自己哭泣，那么我们将永远不会哭，我们的心就永远不会从痛苦中解脱。

再次想象一下，你因为肚子很疼（你害怕这是致命的，因为你感觉痛得要死）去看医生。医生说："没事儿，就是消化不良，服用一些抗酸剂就好了。"这样你一下子觉得疼得没那么要命了。其实，疼痛是一样的，你还在疼，但因为你变得不害怕了，你的疼痛感大大地减少了。所以加强我们疼痛感的只是我们对情绪的恐惧。因为认识到了你的感觉并了解了为什么会有这种感觉,你体验感觉的方式发生了改变,你的恐惧就减少了。最终你实际上可以不再害怕自己的感觉,整个世界也会因你而改变。想象一下,如果你不再害怕自己的感觉,会怎么样?

一些被领养者意识到她们感觉到一些东西,但无法形容自己的这种感受。你需要慢慢开始检查你的内在小孩。你需要尝试用不同的词语来形容感觉,看看这些词语是否适合。这可能需要一些时间。记住,你也许认为感觉愤怒或悲伤是错误的,是对人不尊重的,或"不好的",或不应该的。而事实是,感觉不应该被判定为对或错。感觉是一种客观的存在,你需要能够识别它们并大声说出来。

就像你去看医生,他问你为什么来这儿。你答说你受伤了。他问你伤在哪儿,你说不知道。或者你说伤在肚子里,他让你形容下你的痛苦,你说形容不了。你的医生便无法很好地帮助你,因为你缺乏谈论身体疼痛的词汇。

当你大声说出自己的感觉时,它们变得真实。当感觉变得真实时,你能开始理解为什么你感觉到这种感受了;当你明白为什么你感觉到你的感受时,你就可以开始帮助自己,改变之前经历影响你的方式。

当你知道伤在哪儿了、为什么受伤及疼痛程度时,才能真正地实现治愈。你必须开始对失去亲生家庭的伤痛、愤怒和悲伤在意起来。如果你对所发生的事不以为然，那么你会倾向于贴上创可贴，而创可贴不能解决问题，只是把问题盖起来而已。

要明白，你的确是失去了生命中曾经存在的最神圣的关系，这一点非常重要，你对你这种损失有很强烈的感觉是正常的。

如果你的亲生父母是在你几岁的时候因车祸死亡，你因此被亲戚养大，那么每个人都会承认你曾经非常难过地开始了生活。你可以有照片、去墓地，你被允许甚至被鼓励去表达你的悲伤感觉及愤怒。然而，一旦我们插入了"领养"这个词，大多数人根本看不到这种损失是严重的，或甚至完全看不到有损失。但是，从孩子的角度来看，这种经历是一样的：一个人失去母亲就像是肉体的死亡。当有心理上的死亡时，那种悲伤、悲痛、哀伤就多得不能再多了。否认这一点就是否认现实、禁止哀悼，而哀悼是治愈的重要组成部分。

如果你是一个典型的被领养者，你在世界上也许会感觉不到安全，你经常感到脆弱，也可能会时不时地恐慌。即使在今天，随便什么事就能让我们感觉到好像我们的"第一次失去"又再次发生了。这种出生时失去母亲的感觉不断回放，是创伤幸存者的明显心理标志之一。如果我们没有语言可表达，那么当我们感到恐慌的时候，我们通常分辨不清自己的感受。比如我们只是害怕死亡。在我们感受到这个世界上强大的情感时，我们需要有能力与自己对话。

大多数被领养者都会潜意识地认为是因为自己有问题所以被弃养。如果你被弃养了，那么一定是有缺陷的，缺陷就是你不值得被爱。被领养者的性格就是以这种错误的信念为基础。为了治愈，我们必须纠正这种错误的想法。

对于被领养者来说，治愈情感破裂的第一步是强调一个事实，即：所有的孩子都是值得被爱的。被领养者必须真正相信这个事实。只有在理智上坚定地根植了这种认知，被领养者才可以通过在情感层面上明白"自己也是值得被爱的"来进行治疗的第一步。当被领养者准备好进行这个情感化的步骤，她需要对自己做及说出下列事情——在你心里想象小时候的自己，描绘那个自己，并在脑海中大声说出来："你是值得被爱的。失去母亲与你没有关系，虽然我知道你感觉有关系。这不是你的错，你是招人喜欢的，是值得被爱的，是需要帮助的。现在的我们都很安全。"你在用这样的方式跟你的内在小孩对话，你要告诉她你们都很好。在现实生活中什么都没发生的时候，环顾你的四周，告诉你的内在小孩，你们现在很安全（你必须坚定地相信上述说法是真实的，因为你永远不能欺骗你的内在小孩）。

如果你开始感到恐慌或不安，那就请你环顾四周，并在脑海里大声说出来："现在没发生什么事，我知道感觉是这样，但我们是安全的。放松。"当你这么说时，是在向你的内在小孩和自己证明确实没有什么坏的事情发生。

你将学会如何与你的内在小孩更好地交流和相处,你将学会把其他内容说给内在小孩听,让她感觉更好。我们将教你如何应用设想,创建一个随时可以去的"安全的地方"——一个必需的且非常便宜的度假胜地。你可能会发现你的内在小孩"希望"回家与你住在一起,这种自我重塑的方式非常有用。

你可能会遇到一些非常原始的、有影响力的、复杂的情感和感受,你可能会怕自己不能处理这些感觉。别着急,渐渐地你会学会怎样掌控它们。

请记住,为了自我疗愈,你必须回到过去,体验你生命最初所发生的事。这样你就会知道真正发生了什么、你熬过了什么,你将会对必须生存下来的力量有一个新的意识。

在随后的章节中,你将学会以下内容:

• 学会如何疏导愤怒。

• 学会肯定:在必要的时候,你要在大脑里大声地对自己(你的内在小孩)加以肯定。

• 列出让你生气、悲伤等一切事情的清单。

• 认识到哭泣并不是为自己感到难过,而是为发生在自己身上的悲伤的事情感到难过。

• 认识到你所失去的东西必须悼念。

- 认识到你所失去的没有得到过尊重。
- 学会尊重自己的恐惧和感受。
- 学会发表"我感觉……"。
- 找到不会质疑你感受的人进行交谈。
- 如果你不重视所发生的事,那你就不能治愈。
- 你必须认识到你所受的伤是完全能够彻底清除掉的。
- 你的心理疗愈就好比情感上的根管治疗术。这种治疗必须进行,是痛苦的,但它是通往健康的唯一道路。

第20节　治愈内在小孩：创新方法

有很多十几岁的被领养客户来找我，她们认为自己有心理问题，需要修复。这个时候我可以很轻易地告诉她们"你们没有心理问题"，但是她们的状态其实非常"有问题"。所以我帮助她们改变对自己状态的思考方式。这种改变也是走进内在小孩的关键。

因为这三次创伤，很多被领养者不得不压抑自己的经历。她们必须通过压抑自己痛苦、愤怒和悲伤的情绪，来度过每一次的伤害期。

> 当一个孩子的感觉受到压抑，尤其是愤怒和受伤的感觉被压抑时，她就会带着一个愤怒的、受伤的内在小孩子长大成人。这个内在小孩就会不由自主地负面影响这个人的成年行为。
>
> 关于对内在小孩做工作，有三点突出的功效：人们改变自己状态的速度；变化的深度；治疗过去的伤口时产生无形的力量和创造力。（《归乡》）
>
> ——约翰·布拉德肖

这时最有效且不费时的方法，便是从内在小孩入手做工作，来治愈童年时期所遭受损失带来的悲伤。我发现对内在孩子做工作更快，因此，比传统疗法更节省成本。我所提到的"内在小孩"这个词听起来像是"心理暗语"或"悄悄话"，肯定会有人对此有些怀疑，我提出以下几点：当有人发脾气时，我希望她们很明显像是一个2岁的小孩。真正发生的是，她们2岁的自我（内在小孩）已经控制了成年人的行为。如果尝试告诉成年人她要像一个2岁的小孩那样表达，那么她会变得更愤怒，并还会否认这种愤怒。

  内在小孩是一个人童年时代各种感受、想法和情感的代表。我们每个人都有代表着过去不同经历或时期的内在小孩。内在小孩没有成为外界家长教育和期望的负担。她有自己真实的情感和感觉，是对我们小时候的自我真实的、原始的感受，这也是成年的我们开始自我内心深处感受的入口。成年的自我需要知道，内在小孩就是小时候的自己，拥有小时候所有的天真、俏皮和幼稚。你在感到困难时有没有过在心里对自己说"放松"，而且这个词真正地让你平静下来了？如果你这样做过，那就说明你曾经和你的内在小孩成功地对过话，你是做过内在小孩的工作的。

  我们的很多痛苦和焦虑是源于小时候从未被解决的痛苦问题，所以寻找与你曾经受伤的自己进行"谈话"的方法，为治愈提供了一个很好的机会。对内在小孩做工作，是通过看清你的潜意识并改变你对自己思考方式的方法。大部分成年人遇到的困难，来自童年你理解事情的方式所产生的错误信念。认识到小时候的你会因自己不够好而自责，你便可以理解，解决成年的你的伤痛的方法，是帮助内在小孩消除这种自责。

> **误解**
> 对内在小孩工作是"心理暗示"。
> 没有内在小孩这回事。

> **事实**
> 内在小孩是一个概念,一种看到我们潜意识并与我们潜意识交流的方式。
> 每个人都有许多不同年龄的内在小孩。

做这项工作关键的是:你记得小时候的自己,并对她表示同情和尊重。你要一直尊重你的内在小孩,尊重那个孩子的伤痛、愤怒和悲伤。重要的是,你要对她很好,24小时为她保持电话畅通。当你跟她在一起的时候,让她以她想要的方式行事。如果她生气了,想尖叫,那就让她这么做。如果她想要敲击壶和锅,那很棒啊!要一直鼓励她表达自己的真实感受,让她知道她是安全的,不会因为这样做而受到惩罚,因为你现在要"养育"她,把她养好。这个意义上的养育,是你要以你内在小孩所期待的父母对待她的方式来对待她。

首先,当你需要支持和安慰的时候,找一个安全的地方,然后让你的心漂回"家(只有你和你的内在小孩的家)",看看小时候的自己。走进画面,站在小时候的自己的正前方,在脑海里大声说出"你好",问问她感觉怎么样。她可能不想跟你说话。告诉她,和世界上任何一个人相比,你是最值得她信任的人。每天都要你脑海里与她大声说多次对话,与她建立信任关系。这么久以来,她可能已经无法相信任何人去和她谈论感觉。她需要花点时间来相信你是可以理解的。你要一直告诉你的内在小孩,无论她对你做什么或说什么都可以。

你必须理解并认同你告诉自己内在小孩所有的事,比如,她被弃养并不是她的错。如果你没有理解并认同你对内在小孩说的话,那么她也不会相信。只有告诉她真相,你才能帮助她看清真相——这个真相就是:所有发生在她身上的事都不是她的错。

本书中提到的所有设想、方法和主张,都适用于内在小孩的治疗。你需要与内在小孩进行沟通。她最知道自己需要什么。你问她,她就会告诉你。倾听并尊重她的期望,尊重她的痛苦,尽可能地帮助她。不要忘记她也是受害者。她不应该为发生在自己身上的这些事受到责备。她只需要被同情。

与你的内在小孩最重要的两段对话如下:

1. 对自己值得被爱的肯定。在你脑海里大声说出(对7岁的自己):"你很招人喜欢,很值得被爱。我知道你没有这种感觉。发生在你身上的事不是你的错。我们都挺好的,我们现在很安全。"告诉她,她通常很讨人喜欢,很值得被爱。给她一个拥抱。告诉她你爱她。告诉她可以 24 小时跟你聊天。最后再问她你是否可以离开，告诉她你很快就回来，之前不要离开她。就这样一遍又一遍地，尽可能多地这样做（就这样练习，醒着的每个小时都问她一次，每次问她四遍，持续一个月的时间，就会产生非常显著的变化。）。

2. 对抵抗恐慌/焦虑的肯定。当感到恐慌时，看看四周，确认没有发生任何事，并在脑海里大声说出："现在没有发生什么事，我知道可能感觉有事，可能觉得害怕，但实际上没事。放松，平静下来，我在这里，我们是安全的。"

在不同的场合，被领养者可以调整这种肯定的语言。你需要每天坚持多次拜访她。并计划与她一起进行的活动（见本书的附录E）。只需要几秒钟，但她会感觉好得多。任何时候，当有些事让被领养者感到不安，她无法弄清楚出了什么问题，或为什么她感觉到这种感受，可以让她去问问自己的内在小孩，便可能得到准确的答案，作为成年人的自己就可以处理这个问题了。

你现在所做的，是成为你内在小孩的好父母。以她本应被对待的方式来对待她，尊重她的感觉和真实的自我。这将会帮助你们俩实现你们从来都不曾懂的内心平静。直到有一天，你和内在小孩不再害怕任何东西，你们会完全没有恐惧。这个状态可以通过这里所叙述的自我工作来实现。的确是需要努力

> 生气，是我的亲生母亲给我留下的全部感受，如果我不再因为她生气，我便会失去她。我不想放弃。
> ——女性被领养者，16 岁

才能完成，但当你不再害怕自己的感觉，你将获得真正的自由。这会是你给自己的一个多么大的礼物啊！

否认自己感觉的人，就像痛苦的逃犯，不自觉地逃避痛苦的触发因素。这是可以理解的，因为痛苦无处不在。但一旦你对内在小孩的工作变得熟练，作为治愈的一部分，你会开始体验、接收痛苦，渐渐地你将被释放，不再是这样的逃犯。

此外，你会发生很大的变化，发生这么大的变化可能会让你感到害怕。就像你不愿丢掉那双穿着挤脚的鞋子，你害怕这种被拒绝的感觉——被领养者太熟悉被拒绝的感觉了。治疗过程中除了要面对被拒绝的感觉，还会涉及痛苦、愤怒和悲伤这些情绪。

写出你害怕改变和放弃什么，以及为什么。如果你改变和放弃痛苦、愤怒和悲伤，那会发生什么？

> **总结**
>
> 对内在小孩做工作，是缓解和解决来自童年时期的痛苦和伤害的一种方式。
>
> 可以在初步指导之后，对自己的内在小孩做工作。
>
> 可以通过这样的练习获得内心的平静。

练习

闭上你的眼睛,试着想象如果你不再害怕任何东西,会是什么样子。享受它,并明白这个状态可以一直保持下去。

此时的体验

在实行这个方法的过程中,你可能体验到某种幸福。享受这种体验。

第 21 节　愤怒

愤怒是人类最基本的情感之一。婴儿在出生的第一天就会产生极度的愤怒。比如，她们在还没准备的情况下就离开了肚子或奶瓶，她们会握紧小小的拳头、涨红了脸、愤怒地哭叫。这是正常的、健康的反应。

> **误解**
> 愤怒是一件可怕的事情。
> 生气的人是愤怒的人。

> **事实**
> 愤怒不是一件可怕的事情。你在愤怒的情况下做了什么才是可怕的。
> 当有人说自己生气的时候，那并不意味着他们是愤怒的人，这意味着他们对一些事情很生气并表达了出来，这是健康的。

随着我们长大，我们应该学习如何管理我们的愤怒，如何以社会认可的方式表达出我们的愤怒。可惜的是，很多人没有学会这一点。他们学会掩饰他们的愤怒，或以造成伤害的方式表达出来。愤怒表达不出来会对我们身体产生影响。如果我们没有将愤怒大声说出来，我们就会对外采取行动（伤害我们周围的人），或对内采取行动，从而伤害到自己。未表达出来的、压抑的愤怒很可能造成人际关系的破坏、把人们推得很远或造成身心疾病等。有愤怒并不是坏事，学习如何觉察到愤怒、承认愤怒并以健康的方式表达出来，才是至关重要的。愤怒不是一个危险的词，如果我们不知道如何处理愤怒的情绪，那么确实挺危险的。

愤怒就像是有毒的废物，但是可回收的。除此之外，人们可通过疏导愤怒来减轻或释放它。为了疏导愤怒，你需要在脑海中大声快速地重复几句话。没有必要去感觉愤怒的级别或非要说明愤怒的原因不可，你只需要说，例如我要把我的愤怒用在锻炼上，或我要把我的愤怒用在画画上等。疏导愤怒的常见活动包括打扫卫生、做菜、锻炼、割草坪、慢跑、画画、演奏音乐、散步、写诗、写散文或听音乐。任何身体活动对疏导你的愤怒都有用。但也要注意此时不要过多时间地读书、看电视或听音乐，因为久坐类活动不会消除愤怒。那么此时你就需要说（在你的脑海中大声说出）"我要把我的愤怒用在摆脱这把椅子上（以一个跳跃开始离开久坐的状态），并打扫屋子。"

> 身体疼痛，要与你的身体谈话，告诉它："我会照顾你的。我需要你与我合作，而不是与我抗衡，这样我们俩都会感觉更好。"
> ——朱莉，37岁的被领养者

疏导的愤怒越多，你会感觉越好，生气就越少，你的生活能量就越多。疏导愤怒的时候，与你的潜意识进行谈话，并让它为你做这些日常琐事，它会照做的。你正确地释放了用来发怒的能量，你也节省了做这些日常琐事用的能量。当你规律地疏导你的愤怒，每天多次的疏导时，你最终甚至不必再在脑海里大声说话了。而是会自觉地以疏导作为一种方式解决愤怒，你会感觉好很多。

你可以给你的愤怒起一个名字，所以当愤怒妨碍了、干涉了你的生活时，你可以告诉它走开。给愤怒起一个名字，并与它有亲密接触，会帮助你意识到你的愤怒是你的朋友。它只是一个表达方式，而让你生气的事才是需要你注意的事情。

你会学会，当事情让你感到愤怒时表达愤怒，并不会干扰你的生活，而会改善你的生活。人们都有因为他人生气的时候，当别人惹你生气了，如果你能以很好的方式说出你的愤怒，那么他人很可能会以更有帮助的方式做出回应。如果你把愤怒憋在心里不说，你最终会对周围的人造成伤害，或者对他们大喊大叫，并伤害到关系，这都不好。所以，说"我很生气，因为……"绝对没有错。

你可以通过在你脑海里把愤怒写下来或画下来，甚至悄声地说出"我很生气"的方法来处理你的愤怒。当你的愤怒很大并吓到自己的时候，这些方法通常能减轻这种愤怒。你的愤怒有时会像原子弹一样，表达出来可能会不安全。但是，如果你把它藏起来，才是真正的危险，并具破坏性。领养社团小组的益处之一就是，它是一个为你表达愤怒、得到认可，同时学习处理愤怒的新方法的安全地方。

最后，将你的愤怒写在日记中是很有帮助的。列出现在和过去所有让你感到愤怒的事（你可以自己增加）。"评级"清单中的事项也可能是有帮助的。也就是说，对清单中的每一个事项都给出1～10之间的分数，来表明你对这个特定事项的愤怒程度。你可用1～100或1000之间的分数来评级愤怒，一些人其实会用1～10000000来评级愤怒。跟着感觉走就好。

第22节　冥想法

是时候学习如何进行冥想了。首先你需要学会怎样放松。请穿宽松的衣服。找一个舒适的地方躺下，也许在沙发或地板上，尽可能躺平，并将双手放在身体两侧。以平静的、令人安心的声音在脑海里大声说出"放松"（在放松练习中会经常重复此练习。）。慢慢地开始深呼吸。依次做下列步骤。首先，收紧左脚趾的肌肉，保持收紧几秒钟，然后放松。接下来收紧左脚踝的肌肉，保持几秒钟，然后放松。以类似的方式收紧并放松左小腿。注意一下你放松的整条左腿感觉如何。右腿也重复这个步骤。然后依次收紧并放松你的臀部肌肉、骨盆肌肉、腹部肌肉和胸部肌肉。然后按顺序左手握拳、收紧左肘，然后收紧左臂肌肉。右臂重复这个步骤。现在收紧你的肩部肌肉，然后是你的颈部肌肉、头皮肌肉，最后是面部肌肉。感觉一下你现在是否轻松了许多。再一次，在脑海里大声说"放松"。

接下来可以录下自己的声音，作为指令帮助你镇定，并且听到自己说"放松"会加强你的放松能力。

这样几次之后，你可以通过躺下并在脑海里大声说出"放松"来达到放松状态。站着的时候不要尝试，以防跌倒！现在，当你还沉浸在放松中时，尝试画一个最喜欢的度假地点，或你能够放松并感觉安全的地方。例如，加勒比海的一片海滩、一个山间湖泊、森林……任何让你感到安全和放松的地方。

想象一下你身处于这个绝对安全的地方。你可能会闻到海洋的空气或松针的香味，看到海鸥或小鸟，听到海浪的咆哮声、风吹动树叶沙沙作响的声音，或感觉到阳光洒在身上。让自己放松身心，待在这个安全的地方，好好享受。你可以随时把这里作为免费的度假胜地。你可以在中午或休息间歇时在办公室里来这里坐一两分钟。不需要机票，不需要等待，就可以立即到世界上的任何一个地方度假。你的想象力是你的旅行社，冥想就是你的旅行。当你准备好了的时候，你就可以回到"当下"。放松练习、冥想、安全的地方都有助于你与内在小孩合作工作的开展。

以同样的方式开始你所有的冥想。闭上眼睛，并在脑海中大声说出"放松"。到你的安全之地，进行个人冥想。一开始你的内在小孩可能会不安。她可能不想和你说话。对她耐心点，记住她是一个受害者，并有充分的理由不信任你或任何人，直到你通过与她交谈、探讨的方式建立起信任为止。对她及发生在她身上的事情感同身受，她会知道你心中有什么，并开始相信你。当你了解了她，而她也信任了你时，你就能够进行以下的针对内在小孩的练习了。

特别针对被领养者

1. 让自己回到从前，直到你能够看到 7 岁左右时的自己。走进画面，与年轻的自己打招呼。告诉她你爱她，问她是否想要一个拥抱。问她感觉如何。肯定她的感受，但纠正她关于自己的错误想法。现在问她是否想要来自亲生母亲的拥抱。如果她说不想要，那么问她是否可以告诉你原因；如果她说想要，那么设想你的亲生母亲在拥抱 7 岁时的你。只要你愿意，就可以让冥想继续，当你准备好了的时候，再慢慢地回到当下。

2. 问 7 岁的自己是否想与你在一起。如果她说想，那么在你的心中为她在你现在的家里创造一个额外的家。她可以拥有任何她想要的东西。她可以与海豚一起游泳，驯服狮子来玩，驯服大象来骑，去看任何马上就会在电视上播放的她想看的电影。这样的冥想是让她离开她可能经历过许多痛苦的地方。在你冥想过程中的某个时刻，你要向她解释，这些过去的痛苦和"坏"事情永远不会再发生了。让她在童年时有乐趣、无压力。她值得如此，本应该如此。在冥想的最后，问问内在小孩你是否可以离开一会儿，你还有一些事要做。让她知道她仍然可以与小动物玩耍、玩玩具等，而且你很快就会回来的。告诉她，如果她想让你早点回来，她可以随时打电话给你。如果她不想让你走，你可以建议她和你一起走。她真的能刚好放入你的口袋里或骑在你的肩膀上，她会喜欢的！

3. 想象一下，你在一个大的、充满了许多不同种类花朵的田野里。你可能会看到鸟、蝴蝶、蚱蜢、美丽的蓝天和蓬松的云。让自己四处看看，看看所有的花朵。你走在田野里，来到一条穿过田野中心的溪流。这里有一条古老的崎岖木桥穿过小溪到了另一片田野。成年的自己穿过木桥来到另一边，你看到了新生婴儿的自己独自一人在哭泣。来到她的面前，在你脑海里大声告诉小婴儿你在这里。告诉她，她是讨人喜欢的、值得被爱的，发生的事不是她的错。抱抱她，如果她想为她的妈妈哭泣，那就让她哭。问她是否想跟你一起穿过小溪，如果她同意了，那把她抱在怀里走过木桥。让她跟你在一起，当你有机会的时候，画一幅成年的你和幼年的你坐在田野里、抱在一起的画面。写下你在冥想过程中的感受。

> 对内在小孩做工作是必要的。这是作为一个完整的人成长的真髓。
> ——谢里尔·理查森

4. 冥想自己在一个茧里，凝视着薄薄的纱，看不到事物真正的样子，只能看到事物的外观。想象你这个被领养的人正在经历变形，即将成为一只蝴蝶。成为蝴蝶是可怕而痛苦的过程，第一次张开你的翅膀，不知道能做什么。想象你正在展开你的翅膀。你伸展翅膀，突然你飞起来了！让自己感受飘浮的感觉，俯视世界，去任何你想去的地方，感受失重和自由。认识到当你做工作时，面对你的恶魔，你像是蝴蝶，展开"翅膀"，不知道自己可以做什么，但你拥有找出真实的自己的自由。

第 23 节　肯定法

对于被领养者

你需要理智地认识到，所有的孩子都值得被爱。当你有了这种根深蒂固的想法时，你需要做和说下面的事情——在你心里想想小时候的自己，描绘出童年时候的自己，并在脑海里大声说出："不是你的错，虽然我知道看上去是你的错，但真的不是你的错，你是讨人喜欢的、值得被爱的、需要帮助的。我们都很好。"当你这么说来，向你和内在小孩证明你们都很好的时候，环顾四周。理智上你必须绝对相信上述说法是真实的，因为你永远不会欺骗你的内在小孩。

在你心理上认识到所有的孩子都是值得被爱之后的第一个月里，我建议你每天在心里大声重复这种肯定，连续四次、每个醒着的时间段里都重复。如果你如实地做到了这一点，那么一个月后，你会感觉好很多。

> 创伤性事件是特别的，不是因为它们很少发生，而是因为它们压垮了普通人对生活的适应性。不同于普通的不幸，创伤性事件通常涉及对"精神的"完整威胁。它们让人类面对无助和恐惧的极致，并唤起对困境的反应。心理创伤的共同特征是强烈的恐惧感、无助、失去控制和毁灭的威胁。（《创伤与恢复》）

你需要理智地认识到,在你失去了你的亲生母亲时,发生的事情就永远不会再发生了,尽管你感觉会再发生,但这不可能再发生了。因为你不再是那时候那个无助的孩子了。所以在你脑海里大声地说(同时描绘小时候的自己),你可以说:"我想让你知道我们曾经最害怕的事不会再发生了。我知道你感觉好像还会,但是我保证这不可能发生,现在的我们挺好的,我们很安全。"

如果你开始有焦虑感、恐慌感,或感到不安全的话,你可以在你脑海里大声说出:"现在没有什么可以发生了,我知道你还会感觉害怕,但我们是安全的。放松。"在你向内在小孩和自己证明确实没有发生什么的时候,不要忘记环顾四周。

> 当母亲被迫在孩子和文化之间做出选择时,那种文化是让人痛苦的、不应该被人认同的。为了遵循文化的禁忌而不得不伤害自己灵魂的文化,是非常恶劣的文化。(《与狼共处的女性》)
> ——埃斯蒂斯

总之,直到今天,生活中的某些东西,或许是非常微妙的东西,都会使我们无意识地想到原始创伤(失去母亲),感觉灾难还会再次发生,所以总会有焦虑或恐慌的发作。不幸的是,这的确是创伤幸存者常见的"后遗症"之一。

对于(放弃了自己孩子的)亲生母亲

你需要理智地认识到当时的你没有机会把你的宝宝留在你的生活里。你必须相信这一点!当你的这种认识根深蒂固时,你需要这样做:在脑海里想象年轻的自我,画出曾经年轻的自己,当你要失去宝宝的时候,在脑海里大声说出:"这不是你的错,虽然我知道你总感觉是你的错。当时的你没有选择，你是值得被爱的、需要帮助的女人。现在我们都挺好的。"当你大声说出这一点来向你的内在小孩证明你们都挺好的时候，环顾四周。理智上你必须坚定地相信上述是真实的，因为你永远不会欺骗你的内在小孩。

你需要理智地意识到，从你失去了你的孩子的那一刻起，发生的事情就永远不会再发生了，尽管你感觉好像会悲剧重演。但这不可能再发生了，因为你所弃养的孩子不再是一个孩子，你也不再是曾经无助的自己。所以在脑海里大声地说（描绘曾经年轻的自己），"我想让你知道这不会再发生了。我知道感觉好像会，但是我保证这不可能发生，我们都挺好的，我们很安全。"

如果你开始有焦虑感、恐慌感或感到不安全，你可以在脑海里大声说出："现在没有什么可以发生的了。我知道感觉害怕，但我们是安全的。放松。"当你对内在小孩和你自己证明确实没有发生什么的时候，不要忘记环顾四周。

总之，直到今天，生活中的某些东西，或许是非常微妙的东西，都会使我们无意识地想到我们原来的创伤（失去母亲），感觉是灾难还会再次发生，所以总会有焦虑或恐慌的发作。不幸的是，这的确是创伤幸存者常见的"后遗症"之一。

> **总结**
>
> 一旦你和你的内在小孩已经共同工作了一段时间,那么你就可以确信了:内在小孩可以告诉你她害怕什么及她需要什么。然后,你就可以定期和她对话,来帮助她感觉更好。

最终,随着你的治疗效果越来越好,对这种肯定法的使用需要就会越来越少,但如果必要,你可以一直用这种方式帮助自己。

有时候,我们内在小孩会说她"感觉"被拒绝。"拒绝"这个词对于被领养者而言是一个非常敏感的词,它可能导致被领养者崩溃。我们需要从我们的词汇中删除这个词。拒绝不是一种感觉,它是导致可怕感觉的一种想法。如果我们不相信这个词,那我们就不会感到这种感觉。如果被领养者联系到了她的亲生母亲,而她的亲生母亲告诉她"不",那并不是她被拒绝了,而是她的母亲拒绝处理她自己的痛苦、愤怒和悲伤。只要被领养者不用拒绝这个字眼,她就不会感到这种可怕的情绪。是的,被告知"不"是让人伤心的,但是如果你脑海里没有"拒绝"这个词,那么被告知"不"的情绪就是可以控制的。

第 24 节　被领养者的悼念

被领养者的愈合中，最痛苦的部分可能是表达出哀伤或悲痛的过程。为了能治愈，我们必须悼念我们所失去的东西。由于绝大多数被领养者不允许对她们失去的家庭感到悲伤，尤其是对失去的生母感到悲伤，她们的悲伤被困在身体里达 20、30、40 年甚至更长时间，必须被释放出来。

被领养者有很多需要悼念：失去的妈妈，失去亲生的妈妈，所有与她的联络及所有本应与她分享的重要事件。一定要悼念这份失去，即使她现在的生活与她出生家庭有同样的宗教、文化等氛围，但总是失去了与血缘家人的独特关系、历史、基因和遗传病史的信息。

我认为每个被领养者都需要找到一种方法来悼念所有这些损失。写日记、列清单就是很好的方法，列出所有的事情，并根据你所感受到的悲伤程度用 1～10 或用 1～100 来"评级"。这个练习非常有效。它会帮助你识别损失，并协助你表达悲伤过程。

> 摆脱创伤可能会为掌控自己内心提供机会，但大多数幸存者潜意识并不寻找或欢迎这个机会。当然了，他们惧怕、恐惧这种机会。摆脱创伤的经历，不论是以侵入性回忆的方式、催眠的方式还是以行动的方式，都带有对原始事件的强烈感受。幸存者不断受到恐惧和愤怒的冲击。这些情绪在性质上与普通的恐惧和愤怒不同。它们超出了普通情感体验的范围，并且压垮了承受感情的能力。（《创伤和恢复》）

此外，为了悼念你的损失，你可以选择在家里或教堂里点一支蜡烛，为所失去的东西举办一场"葬礼"。或只是单独列出所失去东西的清单，并以葬礼式的仪式把清单埋在盒子里。你可以写信给你的亲生母亲（最好是用你不习惯的那只手来写，让你的内在小孩表达自己的想法），并大声朗读出来，可以让自己哭一场。你可以拜访你的内在小孩，并在内在小孩因失去妈妈、失去其他东西而哭泣的时候抱抱她。有无数的方法来悼念你的损失，你也可以在这些例子外有所创新。

被领养者需要时间悼念她失去的最神圣的关系，我们可以把它视为好像这种关系今天在生活中真正地死亡了。你可能需要花几天或一个星期的时间来进行悼念。你需要让自己哭，并理解每次你哭就是在愈合。做这项工作就没有不痛苦的方式。当你哭泣的时候，在眼泪中释放出身体中有毒的化学物质，并在血流中释放治愈的化学物质。当这些"毒物"被排出体外时，你会感觉好很多。

如果被领养者幸运地寻亲团聚成功，找到了能够帮助她心灵治愈的妈妈，那么让被领养者在妈妈的怀抱里，把过去这些年所有的痛苦全部哭诉出来，这对她们的治疗有巨大的益处。同样，一个亲生妈妈需要能够对她宝宝的损失表达出悲伤，这样做非常重要。

第 25 节　一个女人的旅程

蒂娜，一位当年被领养的 50 岁女士，在信中写道："我在观看约翰·布拉德肖'回家'系列的一个电视节目时，首次注意到'内在小孩'的练习工作。虽然这似乎有点奇怪，但我意识到了这样做的可能性。当我在治疗中开始使用它的时候，我终于被它的奇迹疗愈力量震撼了。

"开始很难——要突破之前的惯性，让那个小女孩说出她这么多年来一直想说的话。她确实说出来了。她说出了成年的自己可能不会说的事；说出了我不记得的事或我曾经努力忘记但她不让我忘记的事。刚开始，找到内在小孩非常困难，于是我找到了我小时候的照片，并集中精力看照片。这听起来可能很奇怪，下一个课题是——自由。让她可以做任何她想做的事，说任何她想说的话，拥有任何她想拥有的东西（包括在 18 楼公寓中养两匹小马）——这是完全自由的（你可能想问为什么她想要两匹小马。她想要一匹结实的、带翅膀的白色小马——就像神话中的珀伽索斯神马一样；还想要一匹带斑点的马——就像汤托骑的那匹马一样。但这些在我听来很合理！）。在某种程度上，我的治疗师建议我把她当作有趣的事来对待。瞬间我（或她）想到了海豹！童年的时候我一直喜欢海豹的照片，但是在我长大的北卡罗来纳州西部没有真正的海豹。所以我在心中带着她到了中央公园动物园，在那里她给海豹喂食、与海豹一起游泳。她也喜欢给北极熊喂食、与北极熊一起游泳。无限的自由让她只要想，就可以与海豹和熊一起长时间待在水下，都不必浮上水面来呼吸。

"刚开始我在养父母的家里看到我的内在小孩，但现在我的'小女孩'跟我一起住在我的公寓里，在这里她觉得很安全。她从我公寓的窗口观察所有下面的人，她去中央公园与其他（内心）小孩一起玩耍，如果她在我之前回家，那么我们的'鹅妈妈'就在那里以一个拥抱和她最爱的食物来欢迎她：花生酱和香蕉三明治。鹅妈妈这个素材来自我与治疗师的讨论。在我小时候，我的父母都忙于工作，我从学校回家后，经常独自一人待在我们的大房子里。总是感觉好像没人会再回到家，我自己在家里既害怕又孤单。我总是不想独自在家。

"在我对内在小孩做工作时，当她回顾特别痛苦的记忆时，有人建议我给她奖励，告诉她去公园看海豹或熊。然后我补充说，她要是玩累了可以先回家，我下班后也会回家。第一次这样做的时候，我觉得这似乎是个好主意，但第二次，我跟她说的话让我感觉不安。我突然警觉，我对她做了别人曾经对我做的事。现在除非鹅妈妈或是我在那里迎接她,否则她永远不会回家。我猜,到目前为止,她做过的最重要的事是去马戏团,在那里她可以抚摸、骑任何及所有她想摸、想骑的动物,尤其是大猫。当她拿着带着她名字的标志时,马戏团的小丑甚至在等着她。她整天待在那里!所有马戏团的人都向她问好,都告诉她,她在马戏团里让他们感到多么高兴。当我问她关于这一点时,她会很兴奋地跳上跳下,不停地说话。

"对我的内在小孩做工作,我采取日常维护和紧急护理的方式。刚开始很容易忘记与她保持联系,只是告诉她我爱她。只有当她被唤起时,我才与她说话。我明白对于一个人来说打破习惯或改变心灵惯性有多困难,我想我应该确定一个特定的时间,每天至少一次,与她说话,告诉她不用担心有任何的困难,她是一个值得被爱的、可爱的小女孩,令人疼爱。我爱她,并告诉她,现在没有发生那些坏事,那些坏事也永远不会再次发生。我会选择早上坐第五大道的巴士去上班。在巴士上的第一件事就是对我内在小孩做维护工作,在这之后,我才会阅读我这周要读的书。通常,与她一起度过的时光是如此愉快,以至于我根本不想读任何书。在任何她感觉害怕或悲伤的时候,或任何她需要我去她那里的时候,都可以进行紧急护理。"

"我内在小孩有着很久以前被我埋葬的记忆——这些记忆带来以前从未表达出的感觉,有的至少是以前没有听过的感觉。她说的话使我意识到在我年幼的生活中所发生的事,使我想帮助她体会到她是被理解的,她是值得被爱的。我发现了让她认识到这些事实的重要性。在精神上回到那些痛苦的点并给予她之前没有得到的支持和肯定,这在过去和现在都是如此具有治愈效果。对内在小孩的练习工作使我意识到,她是一个可爱的小女孩,不坏也不吝啬,她值得得到比周围人能够给予的多得多的东西。对内在小孩的工作使我有能力以她最初应该被爱的方式来爱她,以及现在,爱着成年的自己。"

第 26 节　我们从未得到的尊重

我已经千万遍看过你的眼睛，通过你的眼睛进入你的心，我看到了痛苦和苦恼。你必须独自忍受任何人都不应该忍受的东西。你独自躲避这个流放你的世界。你失去了你宝贵的孩子。在领养中失踪的珍贵的孩子，而你没有得到对于失去孩子的尊重。我知道你对此的痛苦就是我们从一开始就分享过的痛苦。这是极度的痛苦。但至少我们还有痛苦。现在，让我们来尊重这份痛苦。

我没有责怪任何人，建议我们了解一下这些从未得到的尊重。首先，我们需要看一看根源。根源就是孩子的出生和母子的分离。对于养父母来说，根源是发现不孕不育或无法用任何方式拥有自己亲生的孩子。

这就像是一场坠机事故。所有的妈妈和孩子都躺在那里哭，救援人员来了，把她们带往不同的方向。当她们被放到不同地方的急诊室后，被告知她们很好，然后她们被送走。妈妈回到了家，而孩子去了新家。她们都被告知没事了。世界上最神圣的关系现在消失在了事故的硝烟中。为了让她们继续生活，她们被告知没有发生过任何意外，没有坠机，忘记吧，继续生活就好。孩子的新父母被告知，孩子很好，他们应该就像对待自己的孩子一样对待她。就像，多么渺小无力的词，就像。

有几分对待我的猫的感觉——我的猫就像她是我真正想要的德国牧羊犬一样。但我很失望，它不会抓，不会在门口吠叫，它也不会咬我的拖鞋。我爱它，但我很生气它的表现不是我想要的那样。"就像"根本不起作用。

那么，经历坠机的那些母亲和孩子们真正经历了什么呢？正如我所看到的，"坠机的孩子死了"和"坠机的孩子被领养"，对坠机中被送往另一个方向的亲生母亲而言没有实质差异，如果是这个孩子在坠机不久真的死亡了，那么亲生母亲的家人和朋友会聚在一起对她说：我很抱歉你的宝宝去世了。你一定很伤心，让我安慰安慰你，我知道你受到伤害，让我减轻你的痛苦。我知道你一定很生气，让我帮你。会有一场葬礼、哀悼和承认，并且会有一座坟墓可以去，而且会有确认和治愈。这个母亲会受到尊重。

然而，孩子被领养了，亲生母亲同样经历了孩子的心理上的死亡，却没有得到安慰，而是被告知她做了一个勇敢的、高尚的、无私的、有爱的事，她必须忘记这件事，继续她的生活。没人愿意跟她谈论这件事、承认这件事，没有人鼓励她为此哭泣或为失去孩子哀悼。所以，这种失去变得无法解决。悲伤停留在她身体里，并且一直疼痛，这是具有破坏性的。她必须麻木自己才能生存下去，按下她生命中的暂停按钮，她会变得麻木。生活永远改变了，她无法真的生活，她不会得到尊重。

如果孩子在坠机不久亲生母亲就真的离世了，那么在某种程度上，孩子的父亲会告诉孩子：妈妈死了，这种事情发生在你身上也会很伤心，你肯定受到伤害了，让我安慰安慰你，减轻你的痛苦，我知道你肯定很生气，让我帮助你。而且会有照片、故事和坟墓、哀悼，最终孩子会发现，妈妈不是故意离世的。这个孩子会受到尊重。

然而，对于被领养的孩子来说，她们经历着母亲的心理死亡。但她被告知，她是特别的、被选中的、幸运的，她应该忘记亲生母亲。相信领养家庭是你唯一的家庭，相信一切都很好。"就像"这是你自己的家庭。也就是说，你的母亲不在你身边，她死了是一件好事。你不被允许为此感到悲伤、承受痛苦、愤怒。你不被允许为失去自己的母亲而哀悼。这种悲伤困在你的身体里，一直疼痛，这是具有破坏性的（处于愤怒和悲伤状态也是具有破坏性的）。孩子不得不进入一种自我麻木的状态。这样无法真实的生活，但可以假装在生活。这个孩子是不受尊重的。

如果你的母亲今天去世了，别人告诉你不能哭、不能去葬礼、你必须相信她是从未存在过的人，是什么感觉？你会怎么样？花点时间考虑一下，发生在大多数被领养者身上的事难道不就是这样吗？

对我来说，如果我们真的尊重母亲和孩子，我们可以竭尽全力维护这种关系的神圣性，不要分开她们。如果生母和孩子不能待在一起，那么当她失去孩子的时候，给她尊重，生母的家人和朋友会聚在一起，要对她说："我很遗憾你不能留着你的孩子。你一定很伤心，让我安慰安慰你。我知道你受到伤害，让我减轻你的痛苦。我知道你一定很生气，让我帮助你。"这样，就会对真正发生的事情感到悲伤和得到肯定。

如果生母和孩子不能待在一起，那么当被领养者失去生母时，请给她尊重，新家庭应该说："你失去了生母一定很伤心，你可以哭，没事。我也很伤心，你肯定受到了伤害。让我安慰你，你一定很生气，让我帮你，我会跟你在一起，抱着你。"

对于养父母的尊重，是她们应该获得关于她们所领养孩子的完整信息和关于失去出生家庭对孩子影响的真相。领养机构和其他人应该承认不孕不育或无法拥有自己亲生孩子的伤痛。她们的痛苦和愤怒应该得到认可，应该鼓励她们为不能拥有自己的孩子感到悲伤。

忽略领养的现实只会增加痛苦和伤害。如果一个人被告知的真实是不真实的，而不真实的是真实的，她们怎么能感觉良好呢？

例如，如果我出生后就在事故中失去了我的腿，会怎么样？而人们却告诉我，我弄错了，我并没有失去腿。但这是痛苦的，我总感觉像失去了什么东西。我一直磕磕绊绊，就像我本身只有一条腿（它们不会骗人的，对吗？），我不知道为什么我无法像一个拥有双腿的人一样走路。

我们的社会往往不想承认发生在我们所有人身上的事，没有给我们的损失应有的尊重。比如告诉我们实话——我确实失去了一条腿，我确实失去了我的生母。然而，我有一个假肢作为代替，一个新妈妈作为代替。为什么我仍然痛苦呢？替代品达不到原装品的作用吧！当然，我们的生母也失去了一个孩子，她们连替代品都没有。

尊重就是要面对真相，没有秘密，绝对诚实。无论什么事，只要是真相，不是谎言，我们都是可以应付的。

我们现在对领养这件事大开眼界了吧？难道不是大开眼界的时候了吗？

那么，我能如何给予自己从未得到的尊重呢？

通过学习来体会我们的真实感受。

通过学习以"我"为主语陈述经历。

通过学习说我感觉悲伤，因为_____；我感觉愤怒，因为_____；我受到伤害，因为_____（填空）。当我们第一次大声说出这些事,并第一次获得肯定的时候,我们的感觉就变得真实,如果不表达出来,就永远不可能表达出来。一旦我们的感觉变得真实,我们就能开始明白为什么我们会这样感觉及我们的感受,一旦明白为什么我们感受到我们应该有的感受,我们就可以开始改变这种状态,并影响我们曾经的生活方式。

我们可以对曾经发生在我们身上的事表达出我们的愤怒,从而尊重自己。对发生在我们身上的事愤怒并且表达出来,不会让我们惹恼别人。我们需要表达出来。如果我们不说出我们的愤怒,我们一定会用行动表达出来或闷在心里,这些都是有破坏性的。如果我们不释放出愤怒,愤怒就会毒害着我们的身体和人际关系。

我们可以通过表达我们的悲伤来尊重自己。对某些发生的令人悲伤的事情感到悲伤,不会让我们成为爱哭的人或懦弱的人。我们需要表达出来,把痛苦憋在心里是具有破坏性的。如果我们不释放出悲伤,悲伤就会毒害我们的身体和人际关系。

我知道的,要真正开心,唯一的方法就是给予我们对感受自己真实感觉的尊重。如果我们感受不到坏的感觉,那我们就无法感受好的感觉。

我们周围的人经常尝试尽量减少我们的实际损失和忘记我们的真实感受。我们不能这么做,我们需要通过承认最初发生的事情对我们影响的真正程度来尊重自己。如果我们不了解自己伤口的具体范围，我们就不能治愈。如果我发生意外，去了急诊室，他们不检查我的伤口，不清理伤口深处的脏东西或毒物，我会感染。有的伤口可能会在表面上愈合，但感染是有的，我会付出代价。只有当我尊重自己，并冒着危险打开伤口，清理伤口，我才能得到真正治愈。

治疗会触及很多痛苦，但我们可以挺过来。我们需要给自己攀登痛苦之峰的尊重，那会让我们疗愈。山峰是陡峭的，但能爬上去。在路上有很多裂缝，但每个裂缝都使你更接近山顶。我们都在这个领养之家，在这条通往尊重和治愈的路上互相帮助、互相鼓励、互相支持、互相分享、互相学习。

《与狼一起奔跑的女人》的作者克拉丽莎表示，那些被"遗弃"、面对遗弃并解决了这个问题的人，可以成为地球上最强大的人。

不要对此有片刻怀疑。只有真正勇敢地做这项工作、去参加领养社团小组的人，才能真正开始解决这个问题。

如果我们不开始自我治疗，那么，我们可以继续像鸵鸟一样把头埋起来，如果这样，我们很可能会被从后面一脚踢开，什么也看不到。或换句话说，如果我们继续拒绝游泳，很可能会被鳄鱼咬伤。

领养造成的损失是世界上唯一一种在全社会都期望受害者抱有感激之情的伤害。

最令人难过的是,许多被领养者和生母们都害怕冒治疗的风险,但治疗是追求幸福梦想所必需的。

囚徒崩溃了,因为他永远无法查明他所犯的罪。

——卡夫卡的审判

人类忍受不了莫名其妙毫无价值的事情。

——约翰·麦克唐纳

不知道出生之前发生的事情被定罪为永远活得像一个孩子。

——西塞罗(公元前106~前43年)

附　录

附录 A　　被领养者不希望听到什么

1. 你是被领养的，多么特别啊！
2. 你是被选中的孩子。
3. 你的生母非常爱你才不养你的。
4. 你很幸运。
5. 这都不算啥事儿。
6. 你不应该生气。
7. 你没什么可伤心的。
8. 你应该把精力放在你想要的东西上。
9. 你们寻找她就是在打扰她的生活。
10. 为什么你对不想要你的人那么感兴趣？
11. 你为什么要找一个你从不认识的人？
12. 从开始寻找以来，你就变得执迷不悟了。
13. 但你的养父母非常爱你。
14. 但你伤害了你的养父母。
15. 婴儿什么都不记得的。
16. 你忘恩负义。
17. 你不尊重养父母。

18. 加油！

19. 如果她真的爱你，她就不会抛弃你。

20. 你太敏感了。

21. 别想那些事了，好好生活。

22. 你找她干吗？

23. 事情都过去了，你不可能改变它。

24. 你没有权利打扰别人的生活。

25. 但你的养父母才是真的需要你。

26. 怎么了？你的养父母对你不够好吗？

27. 你太自私，不尊重人！

28. 你的父母没有好工作吗？

29. 你需要多少个妈妈才够啊？

30. 哦，你是其中之一吗？

31. 你是领养的孩子，你应该尊重她的隐私。

32. 你看起来应该是来自一个很好家庭的人。

33. 你不像是被领养的。

34. 好吧，这是命中注定。

35. 如果她当时不想要你了，为什么现在又想要你了？

36. 你可能正在打开潘多拉的盒子。

（当一个人打开那个盒子让魔鬼出来的时候，剩下的就是希望。）

你可以加上本书没有提到的你不喜欢听到的话！

附录 B　生母不想听到什么

1. 忘记她（你的宝宝），好好过日子。
2. 就这样吧；她现在有另一个家庭了。
3. 你做了正确的事情。
4. 如果你联系她，那么你会破坏或打扰她的生活。
5. 当时的你根本无法供养孩子。
6. 孩子有两个父母挺好的。
7. 别没事找事了。
8. 你的孩子现在有自己的家庭了。
9. 但你还有其他的孩子，你现在应该很高兴。
10. 为什么不顺其自然呢？
11. 你的孩子现在比跟你在一起更好。
12. 现在这是无法改变的事，是过去的事了。
13. 如果她需要你，她会来找你的。你不应该找她！
14. 你既然作了决定，就不能改变主意。
15. 你这样根本不算她的母亲。
16. 这事情都过去这么久了，你又是怎么了？

17. 她变成了一个很好的人，你应该感激不尽。

18. 她在一个很完美的家庭里。

19. 你不是有其他的孩子吗？

20. 你就集中精力照顾现在的家庭成员吧。

21. 你一定要放下她，想开点让她去吧。

22. 她不是你的孩子了。

23. 你要为她真正的父母考虑。

24. 不要那么自私。

25. 她已经有一个新妈妈了。

26. 你本来就不是一个好妈妈。

27. 尊重"她们"的隐私。

28. 总有一天你会忘记她的。

29. 你需要帮助！

30. 你什么时候才能恢复过来？

31. 没有让你堕胎已经是很好的结果了。

32. 你抛弃过多少孩子？

33. 她长得像她的养父母。

34. 她永远不会原谅你的。

35. 还有什么事？

36. 不要把这件事告诉给其他的孩子。

37. 你真的很执迷不悟。

38. 有一天你会把那张照片丢掉的。

39. 过了这么多年，为什么你现在才来认我？

40. 你很久之前就失去了你的权利。

41. 我很感激你放弃了我。

你可以加上其他任何自己不想听的话！

附录 C　养父母不想听到什么

1. 你领养她一共花了多少钱?
2. 你们为什么要领养孩子——自己不会生吗?
3. 那小孩是你们买的吗?
4. 现在先领养了孩子,也许很快你们就能生个自己的了。
5. 她看上去跟你们俩不像。
6. 当她寻找亲生父母的时候,你们打算怎么办?
7. 你们认识她"真正的"父母吗?
8. 我当然希望她能融入你们的家庭!
9. 为什么她的生母不想要她了?
10. 不要告诉她她是被领养的,这样她永远都不会知道的。
11. 你得领养一个孩子,真可怜。
12. 你们是因为谁的问题怀不上的?
13. 这孩子的身世是怎么回事?
14. 你们负担不起一个白人孩子吗?
15. 当她"真正的父母"找她的时候,你们会怎么做?
16. 她父母的宗教信仰是什么?
17. 这孩子的父亲是黑人吧?

你可以加上其他任何自己不想听的话!

附录D　领养交接的损失

（达琳·杰罗所著，灵感来自肯·沃森博士）

在我们开始之前，请列出你最喜欢的下列五项。
 你最喜欢的声音 你最喜欢的味道 你最喜欢的气味 你最喜欢的地方 你最喜欢的人
可能有点难，但必须选择你最喜欢的，丢弃你最不喜欢的。 　请仔细感知，当你想象出所有你最喜欢的，包括你最喜欢的人，你是什么样的感觉

　　孩子的喜好可能更容易识别，现在请考虑一个婴儿的喜好，以及她们在领养交接过程中所经历的真实的损失。

婴儿最喜欢的声音	妈妈规律的呼气和吸气及她心脏跳动的真实节奏。但主要是她说话的声音。
婴儿最喜欢的味道	妈妈专门为我而产生的母乳。她皮肤的味道、她的乳房。
婴儿最喜欢的气味	当我把脸埋在她脖子上时,妈妈皮肤发出的气味。如此熟悉又恰到好处的气味。这才是我所属于的地方。
婴儿最喜欢的地方	在妈妈的怀抱里,从我生命一开始就感觉到的声音、温度,气味和味道。这是我的家。
婴儿最喜欢的人	我的妈妈是我的宇宙。她是我的一部分,正如我是她的一部分。没有人能替代她。如果我与她分离,我一生都会渴望她。

无论什么年龄,无论是新生儿还是老年人,无论是国内领养的,还是国外领养的,被领养者在被领养之时就失去了她们所有最喜欢的东西。

这份损失从失去她们的名字开始。她失去了所有关于自己及其起源的信息。她们失去了自己的身份。

她们失去了她们所熟悉的气味、味道、声音、环境和人,失去了她们所有最喜欢的事物。她们所知道的一切都失去了,并永远地改变了。

你肯定明白，她们最大的损失是失去她们最爱的人——妈妈！她们不可选择地失去了最喜欢的人。

如果生母和孩子必须分开，如果没有别的办法，通过对被领养者损失的识别，我们可以尽可能多地维持她以前的生活，以此来减轻他们的痛苦。通过移情法，我们可以使她们的过渡更人性化。

> 母亲与孩子之间的连接是自然神圣的。它是一种身体上的、心理上的和精神上的连接。它非常有弹性，非常灵活。这种连接会自然地延伸很远。对这种'伸展'的任何人为或暴力伤害构成对母亲和孩子严重精神创伤——直到永远。这意味着孩子是需要她们的母亲的，母亲也是需要她们的孩子的——不论母亲已经结婚或未婚。（《受审的母亲，为孩子和监护权而斗争》）
> ——菲利斯·切斯勒

作者观点：

有一些证据表明，当新生儿看她生母和其他人的眼睛时，她是"熟悉"自己生母的眼神的。婴儿看她亲生父母的眼睛是如此熟悉，当她很快就失去这一她最喜欢的东西后，她的整体焦虑会更加明显。

生母在领养交接中的损失，是被领养者损失的对立面。是同样巨大、重要、不可逆转、令人痛苦、悲伤和悲惨的损失。

附录 E　和你的内在小孩一起做的事

这里有一些有趣的事，你可以和你的内在小孩一起完成。

1. 做一些你小的时候一直想做但从不允许做的事情，例如：

（1）每天晚上让狗与你的内在小孩睡在一起。

（2）与海豚一起游泳。

（3）与北极熊一起游泳（它们不会伤害你们，你们也不需要从水里出来呼吸）。

（4）去动物园或马戏团，并且到"后台"去玩。

（5）养一匹（或两匹）你一直想要的小马。

（6）养一只你一直想要的鹰。

（7）买下任何你曾经想要的玩具。

（8）当成年的你不能与你的内在小孩一起回家待在一起时，就让熊妈妈、鹅妈妈或米老鼠来照顾她。

（9）如果你没有多余的房间给你的内在小孩，那么在你的脑海里建立一个空间——即使是在30层楼，也可以从你的建筑物里伸出一个大房子来。

（10）一起飞。

（11）和你的内在小孩一起坐在云端。

（12）当她独自去公园，告诉她不必担心被任何人伤害。

（13）有一个像泳池一样大的浴缸。

（14）如果她度过了非常可怕的一天，告诉她有两个友好的（只对她友好）巨人在门外保护着她。

（15）她想熬夜到多晚就到多晚。

（16）她不再担心会过敏，可以养一只猫、狗、蜥蜴、鹦鹉或任何她想作为宠物的动物（大声告诉她："我们不会再过敏了。"）。

（17）带她到一家博物馆，让她拿起或触摸任何她想要的东西。

（18）（特别是认亲团聚前）让你的内在小孩形象化，让她的生母走进想象的画面，给她一个拥抱。

2.有一些治疗步骤，你需要和你的内在小孩一起完成。

点一根蜡烛，然后：

（1）让火焰代表着对一些不存在的东西的强烈渴望，就像你一直想要回到过去，由你的生母抚养你。当你准备不再渴望那些不可能发生的事时，吹灭这个火焰，因为这个火焰阻碍了你回归现实，这是你对不可能的渴望燃烧起来的火焰。

（2）让火焰代表你的损失。现在是悼念你失去了的东西的时候了。让蜡烛成为一个纪念品,它是你所失去的东西的象征,你可以为此感到悲痛,为这些年来你所有损失的,而你却一直试图压制自己不去难过的东西好好地哭一场。

(3)让火焰成为你治疗过程中带你到每个进步的火花。珍惜火焰,并肯定你的努力。

(4)让火焰成为你的能量,想象这个能量帮你在后院或森林里挖了一个巨大的洞,来埋葬一些难以想象的欲望(你可以把它们真实地写下来,并将它们埋在一个盒子或罐子里)。

附录 F　一些新闻

莉兹·格雷普蒂内《母乳喂养的好处》

母乳喂养可以滋养宝宝的心灵和灵魂。

宝宝依偎在妈妈温暖的怀抱里，听着曾在子宫里听了 9 个月的心跳，从妈妈乳房里吸收香甜乳汁的同时，也吸收到妈妈的爱。母乳喂养是自然法则，涉及妈妈和宝宝之间的亲密和情感联结。宝宝与妈妈的脸的距离让宝宝刚好能够并只能够看见妈妈。因为母乳很快就消化了（每 1.5～3 小时），宝宝大多数时间都是被抱着喂奶的。当妈妈必须把很多时间花在宝宝身上时，会增加她与宝宝真正情感上相互连接的可能性。妈妈与宝宝在一起足以熟悉宝宝的需求，并且知道如何最好地回应他们。当妈妈做到这一点时，宝宝学会相信她的妈妈，从而为她与她一生中会遇到的其他人的关系形成了健康的基础。母乳喂养的宝宝有了爱和关心，她的需要就可以得到满足，她未来也更容易相信别人并满足自己的需求。母乳喂养的宝宝知道如何找到家。

同时，母乳喂养关系也滋养了母亲。母亲最初通过母乳喂养时看出她孩子的需求而学会当妈妈，并将这种养育模式应用于她未来当妈妈的日子。从真实的意义上来说,宝宝在这个过程中让她的妈妈成长为她所需要的妈妈。这种以孩子为主导的养育——孩子特别需求的养育——通常被称为亲密育儿法。

对于母乳喂养的母亲,还有其他好处。母乳喂养的妈妈患乳腺癌、子宫癌、子宫内膜癌和卵巢癌的概率低。母乳喂养的妈妈得骨质疏松的机会也降低。她们在产后早期也会更快地减重。母乳喂养的妈妈因其母乳喂养的决定而被赋予了巨大能力和自信,她意识到她一个人就能够为她的宝宝提供最好的食物。

1997年12月2日,美联社
妈妈们要哺乳一整年

芝加哥(AP)——根据儿科医生建议的6~12个月的哺乳,妈妈们应母乳喂养宝宝至少一年的时间。美国儿科学会在周一表示,喂养应在出生后1小时内开始,并持续喂养,每24小时喂养8~12次,每次喂养20~30分钟。美国最大的儿童组织的医生说,母乳喂养应持续到孩子过第一个生日,"只要相互需要,就应该尽可能地延长时间"。

根据新的建议,几乎所有的宝宝,包括那些生病或早产的宝宝,都应该被母乳喂养。美国儿科学会表示,除非妈妈使用了非法药物或患有结核或艾滋病。

国家妇女组织的杰尼斯·罗科说:"我认为这些指导意见将

会给不得不快速返回工作岗位的新妈妈们造成困难。""她们可能已经对无法工作感到内疚,这可能会增加她们对工作的内疚感。"美国儿科协会表示,公司可通过提供私人房间来帮助妈妈们,让哺乳期妈妈们能够抽出奶水、装瓶、冷藏并之后喂给宝宝。研究表明,与婴儿配方食品喂养的宝宝相比,母乳喂养的宝宝不太可能患上诸如腹泻、耳朵感染、脑膜炎等疾病。一些研究表明,哺乳也可防止糖尿病、淋巴瘤和过敏等疾病。

此外,研究显示,母乳喂养的妈妈也减少了患卵巢和绝经前乳腺癌的风险,并且与使用奶瓶喂养的妈妈相比,她们更快恢复到怀孕前的体重。

洛杉矶时报新闻服务
罗伯特·李·霍尔茨的《母亲的爱,相连的大脑》
母子分离对成长有害

新奥尔良——探索母爱生物学的研究人员报告说,父母的照顾对婴儿造成如此持久的印象,母子分离或对婴儿的疏忽会严重影响婴儿大脑的生物化学过程,并对婴儿的成长和心理能力产生终生影响。

根据在孤儿院长大的罗马孤儿的研究,没有经常被拥抱、爱抚或抚摸长大的孩子们——被剥夺了对正常家庭关注的身体安慰——具有异常高水平的应激激素。此外，新的动物研究显示，在生命早期没有获得慈爱护理者关注的一些婴儿的大脑细胞，简直就是在自我毁灭。虽然成长中的大脑在发育过程中会自然地修复细胞——到成年期就损失了一半——婴儿时期被忽视的动物神经细胞的死亡速度，是那些与母亲待在一起的动物的两倍。

德克萨斯州威尔明顿杜邦默克研究实验室的心理学家马克·史密斯周一表示，"这个发现让我们感到震惊"。她说："母子分离导致大脑中这些细胞死亡的影响可能比我们所想象的更深刻。""这对人类有影响吗？坦白说，我希望不会，但我怀疑有可能。"

科学家已经知道，几十年来，母爱被剥夺可能为孩子们留下一生的严重行为问题，使他们退缩、冷漠、学习缓慢、容易患慢性疾病。但在新奥尔良举办的神经学学会会议上所展示的一系列新研究，第一次揭示了情绪忽视对发育中大脑的生物化学后果。

荷兰莱顿大学压力和内分泌系统专家罗恩·德·克洛特说："长期以来，我们已经知道早期的经历能够塑造大脑和行为。""只有最近我们才探究大脑，并估量早期经历中发生的事情。"正是父母照顾、抚摸的神经科学和压力的化学性之间的关系，才是对于新生大脑如何成形的新见解的核心。研究人员表示，忽视可能扭曲大脑的发育中神经回路，使它们产生太多或太少的激素，从而控制对压力的反应,导致生物体对其周围环境的行为和反应的永久性变化。对于婴儿来说,高压力可能会损害其大脑和身体的生长和发育。

在动物研究中,蒙特利尔的道格拉斯医院研究中心的迈克尔·梅西说,"母亲的存在确保了这些压力激素保持在很好的低水平上"。梅西和其他神经科学家的新实验室研究,强调了被长期忽视的生物化学后果和母亲护理对控制应激反应的脑区发展的影响。

对实验室动物的研究表明,母狗舔它的小狗的简单行为触发了小狗大脑内惊人微妙的生化反应链。由于母亲在身体上让新生儿感到舒服,这刺激了抑制 CRH 的主应激激素而产生的关键生化物质的产生。为了确定这些新的实验结果是否适用于人类育儿,研究人员现在正在评估儿童变化中的脑部化学物质,以及之后主要护理人员——无论是母亲、父亲还是保育人员需要关注的地方。

罗克兰县日报新闻

1996 年 9 月 10 日

与母亲同住的宝宝

(作者:卡尔·列夫)

母亲和孩子之间有着特殊的联结,这种联结比你想象的更紧密。事实证明,在孩子出生后几十年里,在母亲血液中都会携带着一小部分她所生育过的宝宝的细胞。

包括了底特律的韦恩州立大学教授在内的一个研究小组偶然得出了这一结论，同时试图开发一种用于检测出生缺陷的非侵入性测试。这一发现引发了一系列有趣的问题，其中最重要的是这些特殊细胞如何能够在母亲免疫系统的监视下，勉强维持几十年的生命。

医学教授团队成员马克·埃文斯说，"每个人都很好奇"。但是研究的目的是开发一个可靠的出生缺陷测试，一个可能会花费几年时间的任务。作为研究的一部分，该团队抽取了孕妇的血液，并筛选了胎儿细胞的血液。在刚刚生下了女孩的女性的血液样品中，他们发现了男性的遗传标记——Y染色体。波士顿新英格兰医学中心围产期遗传学主任戴安娜·比安奇博士说："我们知道这不属于妈妈，它似乎并不属于目前的胎儿。"

考虑到这可能是一个实验室错误，研究人员重复了一次，这次抽取了之前生出过男孩、现在怀着女孩的女性的血液。四名女性都带有Y染色体的胎儿细胞。然后，他们看了8位现在没怀孕但过去的三年生过儿子的母亲。其中6名母亲都带有Y染色体的胎儿细胞。其中一名妇女27年前生了她最小的一个儿子。

比安奇笑着说："作为一名经常旅行的职业母亲，知道带着孩子一起旅行，我感到欣慰。"虽然比安奇确信女婴的细胞也被遗留了下来，但他们发现的细胞是男婴的未成熟白血球。她说："跟踪 Y 染色体要容易得多。"女性细胞在母亲的血液中数量非常少，必须用一些特殊技术加以分类以进行研究。

埃文斯说："这真的就像在干草堆里找针头。"如果胎儿遗传缺陷的血液检测可以加以完善，那么这项技术就比羊膜刺穿更安全。羊膜穿刺术引发流产的概率是 1/200。埃文斯说："如果这项工作可行，我们可以获得与侵入性测试同样的结果。"

纽约时报科学观察

1991 年 4 月 30 日

气味在胎儿与母亲连接中的关键作用

对于新生儿来说，其模糊的视力只能记录母亲模糊的样子，并不是因为见面，而是一听见声音就有了爱。此外，正如《小儿科学杂志》的某期所述，出生后几天过度使用香水，可能会误导宝宝，并阻碍联结关系。

加州大学尔湾分校心理学教授迈克尔·莱昂博士说："新生儿喜欢母亲的气味，这种偏好使他们能够与母亲保持接触，并能够找到母亲的乳头，以达到哺乳的目的。""一个香水味很重的新妈妈可能会盖过她的实际气味，造成自然母子联结的困难。"

对大鼠和其他哺乳动物的研究揭示了类似的现象。莱昂博士和他的同事们发现，人类只需 10 分钟就可以建立起"最初的嗅觉记忆"。然而，必须有补充的触觉刺激，否则这种特殊记忆不会永久地被嵌入大脑的过程中。这也确保了婴儿不会依附空气中的气味。莱昂博士说："我们在经过母亲的许可后，带走婴儿并把她们放在一个摇篮里，这样她们被暴露于柑橘的气味中，同时我们轻轻抚摸她们的身体 10 分钟。第二天，再次将她们放在一个摇篮里，让她们寻找柑橘的气味。"

研究人员写道："她们几乎总是朝向那种气味，表现出对这种气味的偏爱。"除了帮助缓解哺乳缺陷，这些实验可以加速新生儿认知障碍的诊断和早期治疗。

纽约时报社论
1993 年 8 月 11 日
乔·索尔的《分离的影响》

我们现在知道，新生儿与母亲的分离，对母亲和孩子都有终身的影响。新生儿与其母亲已经形成了联结。在母亲肚子里的最后三个月，胎儿熟悉了母亲心脏和呼吸的声音及节奏，熟悉了妈妈的声音，并在出生后马上"记住"她的气味。

与一切安全事物的分离对新生儿来说都是一种心理冲击，导致了包括身份和人际关系问题、低自尊等心理创伤（保温箱里的宝宝在其生命的后期也会出现一些相同的后果。）。放弃了孩子的妈妈们也会有类似的困难。

我们应该学习澳大利亚的例子：生母至少在孩子两个月之后再放弃孩子，让孩子被领养；孩子被领养之后，妈妈有两个月的时间可以改变主意，如果她改变主意的话，那孩子可以立即归还给她。此外，怀孕的妈妈应该得到关于选择后果的相关咨询，必须理解婴儿的心理需求，使妈妈的决定真正符合孩子的最大利益。

结语

> 我在寻找,我失去了神圣的东西……我在寻找灵魂中被取走的东西,我永远不应该失去的东西,某人偷走的东西……在午夜!(《梦之河》)
> ——比利·乔

我知道很多人读这本书都会经历很多痛苦的过程——花一些时间去数数你的伤疤,以你的伤疤而感到骄傲,因为它们证明你活下来了。我希望你明白到处都是希望。痛苦、愤怒和悲伤是可以处理的。你可以不再害怕你自己的感受。你真的能做到!怎样去做这件事情是我给你们的礼物。我真诚地希望,在阅读这本书之后,你能够看到这份礼物。这个礼物是由一个知道你有多糟糕及知道你会变得有多好的人寄来的。

> 母亲和孩子分开造成的伤害可以及时和有效地处理,可以使我们的日常生活不会受到影响。否则这种疼痛每年都会反复几次。我们可能需要大哭,需要拥抱,或者是发泄我们的愤怒,但每一次疼痛都会更快地过去。
> ——乔·索尔,2008 年 5 月

用路易斯曼的一句话说,"眼睛只有经过泪水的洗涤后,才能看得更清澈。"